HEIKE SCHMIDT-RÖGER

familien HUNDE

50 RASSEN, DIE PASSEN

KOSMOS

INHALT

4 BESSER LEBEN
mit dem richtigen Hund

6	Hund gesucht
7	Was ist eigentlich ein Familienhund?
12	Vom Hundewunsch zum Wunschhund
13	Eine erste Selbsteinschätzung
14	Wunschhund-Test…
15	…Erfahrung
19	…Aktivität
21	…Umgang mit Jagdverhalten
23	Den Wunschhund finden

24 FAMILIE GESUCHT
50 Kandidaten stellen sich vor

26	Australian Shepherd
28	Australian Terrier
30	Basset Hound
32	Beagle
34	Bearded Collie
36	Berner Sennenhund
38	Bichon à poil frisé
40	Border Terrier
42	Boston Terrier
44	Boxer
46	Cairn Terrier
48	Cavalier King Charles Spaniel
50	Chihuahua
52	Collie, Lang- und Kurzhaar
54	Dackel, Teckel, Dachshund
56	Dalmatiner
58	Elo®
60	English Cocker Spaniel
62	English Springer Spaniel
64	Eurasier
66	Flat Coated Retriever
68	Französische Bulldogge
70	Golden Retriever
72	Gordon Setter
74	Greyhound
76	Havaneser
78	Irish Red Setter

80	Islandhund
82	Jack und Parson Russell Terrier
84	Kooikerhondje
86	Kromfohrländer
88	Labradoodle
90	Labrador Retriever
92	Lagotto Romagnolo
94	Magyar Vizsla
96	Malteser
98	Mops
100	Neufundländer
102	Papillon
104	Pinscher und Zwergpinscher
106	Pudel
108	Saluki
110	Samojede
112	Schäferhunde
114	Schnauzer und Zwergschnauzer
116	Shetland Sheepdog (Sheltie)
118	Spitz
120	Tibet Terrier
122	West Highland White Terrier
124	Whippet

126 SERVICE

126	Den einen Wunschhund auswählen
127	Nützliche Adressen
127	Zum Weiterlesen

BESSER LEBEN
mit dem richtigen Hund

IHRE LEBENSFREUDE IST ANSTECKEND, IHRE
TREUE IST NICHT KÄUFLICH UND EIN BLICK AUS
IHREN AUGEN UNWIDERSTEHLICH. HUNDE FORDERN
VIEL, MACHEN DAFÜR ABER AUCH DAS GRÖSSTE
GESCHENK – IHR HERZ UND IHRE LEIDENSCHAFT.
MIT HUND IST DAS LEBEN FAST IMMER BESSER.
MIT DEM RICHTIGEN IST ES BESTIMMT BESSER.

HUND GESUCHT

EIN HUNDEFREUND OHNE HUND IST NUR EIN HALBER MENSCH. SEHNSÜCHTIG FÄLLT SEIN BLICK AUF JEDEN GASSIGÄNGER. TRIFFT ER EINEN VIERBEINER, SCHLÄGT SEIN HERZ SCHNELLER, UND ER LÄSST KEINE GELEGENHEIT UNGENUTZT, IHN ZU STREICHELN ODER ZU KNUDDELN. SIE HABEN BESCHLOSSEN: DAMIT IST JETZT SCHLUSS – EIN HUND MUSS HER!

FAMILIENZUWACHS

Der Alltag bietet nicht immer passende Voraussetzungen zur Erfüllung des Hundetraums, mangelnde Zeit oder die Wohnsituation sind die häufigsten Hindernisse. Doch Umstände ändern sich. Jetzt passt ein Hund in Ihr Leben, und das wird sich die nächsten Jahre voraussichtlich auch nicht ändern.
Alles Notwendige ist besprochen und geklärt, und der Moment gekommen, den Wunsch vom Hund wahr werden zu lassen und sich auf die Suche zu machen. Nehmen Sie sich Zeit dafür, Sie werden es nicht bereuen.
Spaziergänge, Sport und Mußestunden – mit Hund macht das alles viel mehr Spaß. Und genau das wollen Sie auch. Können Sie haben. Es gibt viele Hunde, die es ihren Menschen ganz einfach machen, die sich unkompliziert einfügen und den Eindruck vermitteln, als wären sie schon immer da gewesen. Andere können zu einer echten Herausforderung werden, da müssen die Menschen sich schon richtig anstrengen, damit es rund läuft. „Wir wollen doch einfach nur einen Familienhund", werden Sie jetzt vielleicht denken.

WAS IST EIGENTLICH EIN FAMILIENHUND?

Für Ihren Hund sind immer Sie seine Familie. Egal, ob Sie als Paar zusammenleben und Kinder haben, zu zweit mit Ihrem Partner, Single oder alleinerziehend sind. Ihm ist es auch egal, ob Sie 20, 40 oder 60 Jahre alt sind. Hat er seinen Platz gefunden, gibt es für ihn nur eine Familie – seine!
Was er dafür braucht? Ihr Engagement und die Erfüllung seiner Bedürfnisse und Ansprüche. Welche das sind, hängt wesentlich von seiner Rasse ab. Dazu kommt seine individuelle Persönlichkeit, die teilweise angeboren ist, zum anderen Teil durch die in seinem Leben gesammelten Erfahrungen bestimmt wird.
Es gibt nicht den Familienhund. Aber es gibt Ihren Familienhund. Den vierbeinigen Begleiter, der zu Ihnen und Ihrem Lebensentwurf passt – und Sie zu ihm. Nach ihm müssen Sie sich auf die Suche machen. Dieses Buch hilft Ihnen dabei. Eine der über 50 vorgestellten Rassen wird sicher auch zu Ihnen passen. Damit Sie schon bald Ihren eigenen Hund streicheln können.

DIE RASSE HILFT EINZUSCHÄTZEN

Sie haben Freunde, Verwandte oder Nachbarn, die sich immer wieder für Hunde einer bestimmten Rasse entscheiden? „Einmal Dackel, immer Dackel!" Dieses Bekenntnis gibt es für jede Rasse, vom Chihuahua bis zum Neufundländer. Wer seine Rasse gefunden hat, bleibt meist dabei. Warum? Weil die dazugehörigen Vierbeiner Eigenschaften mitbringen, die zum gemeinsamen Leben und zum Menschen passen. Noch viel mehr als das, es macht den Menschen glücklich und hoffentlich auch den Hund. Warum dann Neues ausprobieren?

WISSEN STATT WAHRSAGEN
Temperament und Verhalten eines Hundes haben ihre Ursprünge in der Aufgabe, für die die Rasse früher gezüchtet wurde. Jagdleidenschaft, Hüteverhalten, selbstständiges oder kooperatives Handeln – all das lässt sich darauf zurückführen.

Rassehunde sind nicht die besseren Hunde. Doch die Zugehörigkeit zu einer Rasse macht einen Vierbeiner einschätzbarer. Und das ist bei der Suche nach einem passenden Hund eine große Hilfe. Jede Rasse wird in einem Standard beschrieben. Dieser wird z. B. von der Fédération Cynologie Internationale (FCI), der Weltorganisation der Kynologie, geführt. Ihr sind nationale Dachverbände angeschlossen (Seite 127). Die FCI hat die Rassen nach ihrer Verwendung in zehn Gruppen eingeteilt. Die Gruppe jeder Rasse finden Sie bei den Porträts in der Randspalte.

TROTZ RASSE EIN INDIVIDUUM
Innerhalb einer Rasse gibt es unterschiedliche Persönlichkeiten, deren Eigenschaften und Fähigkeiten individuell mehr oder weniger stark ausgeprägt sind. Die Rassezugehörigkeit kann daher keine Garantie für ein bestimmtes Verhalten sein, vor allem, da es auch durch Aufzucht, Haltung und Führung beeinflusst wird. Daher ist es so schwer, Rassehunde in ein Schema zu pressen: Jeder ist einzigartig und Ausnahmen wird es immer geben. Trotzdem kann die Rassebeschreibung den Kern erfassen und Tendenzen für zu erwartendes Verhalten nennen. Bei der Suche nach Ihrem Wunschhund unterstützen Sie die Tests und Infos ab Seite 12. Eine Selbsteinschätzung hilft Ihnen, sich zu verdeutlichen, was Sie von einem Hund erwarten. Und die weiteren Tests führen Sie zu mehreren Rassen. Gibt es eine oder mehrere, die immer wieder in Ihren Auswertungen auftauchen? Diese sind Kandidaten für Ihren Wunschhund. Weitere Informationen finden Sie dann in den jeweiligen Porträts ab Seite 24.

DIE RASSE zeigt Gemeinsamkeiten. Individuelle Veranlagung und Erfahrung machen jeden Hund einzigartig.

HUND GESUCHT

WIE SIEHT ES AUS MIT DER GESUNDHEIT?
Die Gesundheit hängt von vielen Faktoren ab, wie sorgsamer Aufzucht, Ernährung, angepasster Bewegung und Stressbelastung. Und es gibt Krankheiten, die vererbt werden oder für die eine Rasse anfällig ist, die Rasse ist dafür „disponiert". Dies bedeutet aber längst nicht immer, dass ein Hund erkrankt, weil seine Rasse eine Disposition hat. Zuchtvereine im VDH (S. 127) haben strenge Vorschriften, bei vielen werden die Zuchthunde auf bestimmte Erkrankungen untersucht oder genetisch getestet. Grundsätzlich gilt: Je verantwortungsvoller der Züchter ist, desto mehr Wert legt er auf gesunde Hunde. Häufige Dispositionen sind: Dysplasie zum Beispiel am Hüftgelenk oder Ellenbogen (Gelenkfehlbildung), Patella-Luxation (Verlagerung der Kniescheibe), Progressive Retina Atrophie (Absterben der Netzhaut), Katarakt (Linsentrübung).

Dort werden Ihnen mehr als 50 Rassen vorgestellt, jeweils mit einer kurzen Übersicht zu wichtigen Eigenschaften und deren tendenzieller Ausprägung sowie einer Beschreibung. Da finden sich Hunde aller Typen, Größen und der unterschiedlichsten Charaktere und Bedürfnisse.

INDIVIDUELLE ENTWICKLUNG
Unabhängig von der Rasse tragen Züchter und Halter erheblich dazu bei, wie der Welpe sich entwickeln und zum Familienhund eignen wird. Ab seiner vierten Lebenswoche beginnt die Sozialisierungsphase. Er lernt Grundsätzliches für sein Leben und hat Kontakt mit Menschen, Artgenossen, Tieren und der Umwelt. Eine sorgsame Sozialisierung macht es ihm erst möglich, all seine guten Anlagen, Eigenschaften und Fähigkeiten zu entfalten, wie Anpassungsfähigkeit und Lernvermögen, verträglicher Umgang mit Vier- und Zweibeinern sowie entspanntes Erleben der Eindrücke in seinem Umfeld. Die Sozialisierungsphase dauert bis zur Geschlechtsreife (Pubertät), die je nach Rasse und Individuum mit vier bis zwölf Monaten einsetzt. Bis der Hund seine mentale Reife hat – bei manchen Rassen ist das erst mit drei Jahren der Fall – müssen die Grundlagen gefestigt werden. Fehlentwicklungen wirken sich negativ auf das Verhalten aus und sind eine Belastung für Mensch und Hund. Die Rasse allein garantiert keinen guten Familienhund, mit der passenden wird es aber leichter.

AUCH JAGDHUNDE aus Familienzuchten sind jagdlich ambitioniert. Wie stark das ausgeprägt ist, kann sehr unterschiedlich sein.

SO SCHÖN kann das Leben mit Vierbeiner sein, wenn Kind und Hund die richtige Anleitung bekommen.

FAMILIENMITGLIED HUND

Die Erwartungen an einen Familienhund sind hoch und je nach individueller Lebensgestaltung sehr unterschiedlich. Zum Glück sind Hunde anpassungsfähig und kommen ihrem Menschen so weit entgegen, wie es ihnen nur möglich ist.

FAMILIE MIT KINDERN

Sind Kinder in der Familie, sollte der Hund spielfreudig sein und ein gutes Nervenkostüm besitzen. Gerade bei jüngeren Kindern kann es laut, turbulent und manchmal grob zugehen. Da sollte der Hund robust genug sein, eine gute Portion Geduld mitbringen und sich zurückziehen, wenn es ihm zu viel wird. Kinder brauchen die Aufmerksamkeit ihrer Eltern, da bleibt nicht immer viel Zeit für den Hund. Viel mehr als ein durchschnittliches Bewegungs- und Beschäftigungsbedürfnis sollte er nicht haben, sonst kann er zur Belastung werden und seine Bedürfnisse bleiben unerfüllt. Sein Schutzverhalten, die tendenzielle Bereitschaft, seine Leute zu beschützen, und die Ernsthaftigkeit dabei, sollte eher unterdurchschnittlich sein. Zudem ist es günstig, wenn er seine Zuneigung nicht nur einem, sondern allen Familienmitgliedern schenkt. Sie werden in diesem Buch vergeblich nach einer Rasse suchen, die einen Freifahrtsschein in puncto Kinderfreundlichkeit bekommt: Diese Eigenschaft wird nicht vererbt. Es gibt sehr viele Rassen, die dafür gute Voraussetzungen mitbringen. Doch für einen entspannten Umgang von Kind und Hund braucht es mehr: Unerlässlich ist eine gute Sozialisierung des Hundes. Dazu gehören Anleitung und Regeln für alle Beteiligten. Und ohne verantwortungsvolle Aufsicht geht es auch nicht. Ist das alles gegeben, können Hunde fast aller Rassen gut mit Kindern zusammenleben. Wird der Hund jedoch zum Spielzeug degradiert, sind Probleme vorprogrammiert. Der Hund braucht Rückzugsmöglichkeiten, die er jederzeit in Anspruch nehmen kann. Miteinander alleine bleiben sollten beide trotzdem nicht, und die Verantwortung für die Pflege und Betreuung des Hundes liegt immer und ausschließlich bei den Eltern. Zur Sicherheit aller gilt: Fühlen Sie sich mit einem Verhalten des Hundes nicht wohl, sollten Sie frühzeitig die Hilfe eines Hundetrainers in Anspruch nehmen.

Allergien

Wer eine „Hundehaarallergie" hat, reagiert auf Schuppen, Speichel und Drüsensekrete aller oder mancher Hunde. Erfahrungsgemäß gibt es Rassen, die für Allergiker weniger problematisch sein können, meist jene, die nicht haaren. Informationen finden Sie bei den Porträts.

SINGLES

Hunde, die ihr Herz nur einer Person schenken, bauen eine besonders enge Beziehung auf. Hoher Kuschelfaktor meist erwünscht. Trotzdem sollte der Hund es auch gut verkraften können, öfter mal alleine zu Hause zu bleiben, denn er kann in der Regel nicht immer dabei sein. Kommt der Hund mit zur Arbeit, muss er sich dort manierlich verhalten. Ausreichende Beschäftigung wird dafür vorausgesetzt. Mit einem überdurchschnittlich hohen Bewegungs- und Beschäftigungsbedürfnis lässt sich das nicht immer leicht realisieren. Und ausgeprägtes Schutzverhalten ist im Büro oder Laden mit geschäftiger Betriebsamkeit schwierig, genau wie ausgeprägte Bellfreude. Wer viel unterwegs ist, braucht einen unternehmungslustigen Hund, der sich leicht anpassen kann.

SENIOREN

Ein handlicher und sehr menschenbezogener Hund, der gerne schmust, ist da gerade richtig. Beschäftigungs- und Bewegungsbedürfnis sind besser niedrig oder maximal durchschnittlich – das lässt sich leichter erfüllen, auch wenn der Halter mal nicht topfit ist. Das Schutzverhalten sollte sehr niedrig sein, sonst kann das den Menschen leicht überfordern.

TEMPERAMENT

Junge Hunde sind immer temperamentvoll, bei manchen Rassen kann das sehr anstrengend sein. Das kann gerade Halter überraschen oder sogar überfordern, die die letzten Jahre mit einem betagten und ruhigen Hund verbracht haben, schon älter sind oder das erste Mal einen Hund halten. Ein älterer Hund kann der bessere Partner sein. Viele Tierschutzorganisationen haben sich auf Hunde bestimmter Rassen spezialisiert, manchmal geben auch Züchter schon erwachsene Hunde ab.

BEZIEHUNG

Damit Hunde sich in das Familienleben integrieren und eine Beziehung aufbauen können, ist die Nähe zu ihren Menschen wichtig. Alle hier vorgestellten Rassen brauchen Familienanschluss und keine Zwingerhaltung. Miteinander zu leben ist die Voraussetzung, damit Hund und Mensch eine gute Beziehung aufbauen und sich aufeinander verlassen können. Und das gelingt nur, wenn daran gearbeitet wird.

BESSER LEBEN MIT DEM RICHTIGEN HUND

VOM HUNDEWUNSCH ZUM WUNSCHHUND

Sie hoffen darauf, sich in Ihre Rasse zu verlieben, ganz spontan, wenn Ihnen ein Hund über den Weg läuft oder Sie ein Bild sehen? Sie haben schon immer für eine Rasse geschwärmt? Das kann der Grundstein für eine wunderbare Mensch-Hund-Beziehung sein. Muss es aber nicht. Herz und Leidenschaft gehören zur Hundesuche dazu und lassen sich niemals ausschalten. Doch wer sich für Jahre binden will, darf auch die Vernunft nicht vergessen.

MIT HERZ UND KÖPFCHEN

Jeder hat eine Vorliebe für einen bestimmten Hundetyp. Bei manchen sind es die kurznasigen, kompakten Typen, andere schwärmen für Hunde mit dichtem langem Fell oder windschnittige, einige lieben kleine quirlige Vierbeiner oder schätzen die großen und gemütlichen. Zum Glück gibt es bei jedem Hundetyp verschiedene Rassen. Da kann sich Ihr Herz verlieben und Ihr Kopf dafür sorgen, dass auch der Rest passt. Und wer weiß, vielleicht finden Sie ja eine ganz neue Liebe.

MAL EHRLICH

Selbsterkenntnis ist der beste Weg zum Wunschhund. Und da ist das Gesamtpaket gefragt, angefangen von Ihrer Persönlichkeit und der Ihrer Familienmitglieder über Ihre Vorlieben bis hin zu Ihren Gewohnheiten und Lebensumständen. Lassen Sie sich gerne von Freunden und Bekannten bei der Einschätzung helfen, ein unbefangener Blick kann da sehr nützlich sein.

VON SPITZENSPORTLERN UND FÜHRUNGSKRÄFTEN

Schönreden hilft nicht, gefragt ist eine ehrliche Einschätzung. Nur die macht es Ihnen möglich, Ihre Ansprüche und die der Rasse vergleichen zu können und die bestmögliche Passung zu finden. Widerstehen Sie auch der Versuchung, das geradezubiegen, was augenscheinlich nicht passt. Wenn Sie eher der gemütliche Typ sind und sich zu jeder sportlichen Aktivität zwingen müssen, wird sich das vermutlich auch nicht ändern, weil Sie sich in eine überdurchschnittlich aktive Hunderasse verliebt haben. Und wenn Sie nicht für Ihre Durchsetzungsfähigkeit bekannt sind, sollte es auch kein Hund sein, der danach verlangt. Fangen Sie dann nicht mit einem Vierbeiner an, der so hohe Anforderungen an Sie stellt, sondern lieber einen Level niedriger. Denn auch der schönste und liebste Hund wird Sie nicht glücklich machen können und auch selbst nicht glücklich sein, wenn die grundsätzlichen Bedürfnisse nicht zusammenpassen – sicher der häufigste Grund für Beziehungsprobleme. Doch mit dem richtigen Vierbeiner sorgen Sie für einen bestmöglichen Start in das gemeinsame Leben.

DIESER KLEINE FRATZ braucht später viel Fellpflege. Mögen Sie das?

12

EINE ERSTE SELBSTEINSCHÄTZUNG

Was für ein Typ sind Sie und welche Erwartungen haben Sie an Ihren Hund?
Dieser Fragebogen soll Ihnen helfen, sich diesen Punkten anzunähern. Ergänzen Sie
ihn individuell. Er wird nicht ausgewertet, sondern dient nur Ihrer Selbstreflektion.

Wie bin ich?	Zutreffendes ankreuzen	Wunscheigenschaften des Hundes	Zutreffendes ankreuzen
Ich mag es ruhig und geregelt.		kooperativ	
Bei mir/uns geht es oft turbulent zu.		eigenständig	
Ich kann gezielt Grenzen setzen.		selbstbewusst	
Ich drücke gern mal „ein Auge zu".		gutmütig	
Ich bin konfliktfähig.		furchtlos	
Ich mag es harmonisch.		offen gegenüber Fremden	
Ich handle lösungsorientiert.		zurückhaltend gegenüber Fremden	
Ich bin schnell hektisch.		Konzentration auf mich	
Ich mag es sauber und ordentlich.		pflegeleicht	
Ich habe eine hohe Schmutztoleranz.		leichtführig	
Es stört mich nicht, wenn der Hund sabbert.		lernbereit	
Hundehaare stören mich nicht.		anspruchsvoll	
Intensive Fellpflege macht mir Spaß.		anhänglich	
Ich gehe gern mit meinem Hund zum Hundefriseur.		verschmust	
Ich möchte viel spazieren gehen.		selbstständig	
Ich jogge, fahre Rad etc.		sensibel	
Ich möchte Hundesport ausüben.		clever	
Ich möchte mit meinem Hund anspruchsvoll arbeiten.		sanft	
Ich bin eher der gemütliche Typ.		lustig	
Für mich ist der Weg das Ziel.		kernig	
Ich bin Perfektionist.		robust	
Ich arbeite gern an der Beziehung zu meinem Hund.		wachsam	
Ich möchte schnelle und fixe Ergebnisse.		verspielt	
Mein Hund soll mein ständiger Begleiter sein.		lauffreudig	
Mein Hund soll mich auf Reisen begleiten.		schnell	
Mein Hund soll mich zum Arbeitsplatz begleiten.		sportlich	
Mein Hund muss zu Hause auch allein bleiben können.		arbeitsfreudig	
Ich wünsche mir einen guten Freund für meine Kinder.		lebhaft	
Ich habe viel Besuch.		temperamentvoll	
Ich bin meist allein.		wasserfreudig	
Ich bin körperlich topfit.		ruhig	

BESSER LEBEN MIT DEM RICHTIGEN HUND

WUNSCHHUND-TEST

Nun folgen weitere Tests. Zur Vergleichbarkeit wurden bestimmte Eigenschaften der Hunde bei den Porträts ab Seite 24 in verschiedene Level eingeordnet. Level 3 ist immer der Durchschnitt. Trotzdem wird es auch immer wieder Hunde geben, die sich anders verhalten oder ein bestimmtes Verhalten weniger oder viel deutlicher ausgeprägt zeigen. Das kann die Hundehaltung schwieriger oder leichter machen, je nachdem, um welches Verhalten es sich handelt und wie es zu Ihrem Alltag passt. Veranlagtes Verhalten gehört zum Hund und ist nicht falsch, mitunter aber schwer zu managen. Verlassen Sie sich nicht darauf, dass Sie den Hund bekommen, der die für Sie positive Ausnahme ist, sondern gehen Sie lieber vom üblichen Verhalten aus. Vergleichen Sie auf den nachfolgenden Seiten Ihre Einschätzung mit den Eigenschaften und Ansprüchen der Hunde einer Rasse. Gibt es Übereinstimmungen und Schnittmengen bei den verschiedenen Tests, kann die Rasse die richtige für Sie sein.

BENÖTIGTE ERFAHRUNG

Je mehr Hundeerfahrung Sie mitbringen, desto anspruchsvoller kann auch der Hund sein. Zehn Jahre lang Havaneser gehalten zu haben, bedeutet aber noch nicht, dass ein Schäferhund nun eine leichte Übung für Sie ist – der „Schwierigkeitsgrad" des Hundes muss passen und Anfänger sollten sich eher für einen leichtführigen Kandidaten ohne besonders ausgeprägtes Schutzverhalten entscheiden. Genauso wichtig sind auch die Führungsqualitäten des Menschen. Mancher bringt diese von Haus aus mit, weil er durchsetzungsfähig, souverän und ein Naturtalent in puncto Hundeführung ist und viel Einsatz zeigt. Andere haben sich diese im Laufe des Zusammenlebens mit ihren Vierbeinern erworben. Wer das erste Mal einen Hund hält oder sich für eine neue oder anspruchsvolle Rasse entscheidet, ist gut beraten, wenn er mit seinem Vierbeiner eine Hundeschule besucht und zusammen mit ihm lernt. Engagement gehört immer zur Hundehaltung dazu – und mit dem passenden Hund macht es einfach Spaß.

HARMONIE gibt es dann, wenn weder Mensch noch Hund sich zu sehr „verbiegen" müssen, damit sie zueinander passen.

WUNSCHHUND-TEST

ERFAHRUNG: WIE SCHÄTZEN SIE SICH EIN?

Tragen Sie in der rechten Spalte Ihre Werte ein und vergleichen Sie die Summe mit der Auflösung.

		Niedrig			Durch-schnitt		Hoch	Ihre Angabe
1	Meine Erfahrung mit Hunden	0	1	2	3	4	5	1
2	Meine Duchsetzungsfähigkeit	0	1	2	3	4	5	4
3	Meine Konfliktfähigkeit	0	1	2	3	4	5	4
4	Meine Konsequenz	0	1	2	3	4	5	4
5	Meine Einfühlsamkeit	0	1	2	3	4	5	4
6	Meine Strukturiertheit im Handeln	0	1	2	3	4	5	2
7	Meine Offenheit	0	1	2	3	4	5	4
8	Meine Reaktionsschnelligkeit	0	1	2	3	4	5	4
9	Meine Konzentrationsfähigkeit	0	1	2	3	4	5	3
10	Meine Gelassenheit	0	1	2	3	4	5	3

34

AUFLÖSUNG

0–20	21–35	36–50
Rassen, die sich in der Regel auch für Halter mit wenig Erfahrung gut eignen.	Rassen für engagierte Anfänger und Menschen mit durchschnittlicher Erfahrung.	Rassen für Menschen mit viel Hundeerfahrung und guten Führungsqualitäten. Manchmal sind das auch Ersthundehalter, die überdurchschnittliches Engagement und „Hundetalent" mitbringen.
Bearded Collie Bichon frisé Cavalier King Charles Spaniel Chihuahua Collie Langhaar Elo® Golden Retriever Havaneser Kooikerhondje Lagotto Romagnolo Malteser Mops Papillon Pinscher (Zwerg-) Pudel (Klein-, Zwerg-, Toy-) Shetland Sheepdog Spitz (Mittel-, Klein-, Zwerg-) Tibet Terrier Schnauzer (Zwerg-)	Rassen aus Spalte 1 und Australian Terrier Beagle Berner Sennenhund Border Terrier Boston Terrier Cairn Terrier Collie Kurzhaar Dackel (vorwiegend aus Familienzucht) Dalmatiner English Cocker Spaniel English Springer Spaniel Eurasier Flat Coated Retriever Französische Bulldogge Gordon Setter Greyhound Islandhund Kromfohrländer Labradoodle Labrador Retriever Neufundländer Pudel (Groß-) Saluki Samojede Schnauzer Spitz (Wolf-, Groß-) West Highland White Terrier Whippet	Rassen aus Spalte 1 und 2 und Australian Shepherd Basset Boxer Dackel (aus Jagdgebrauchszucht mit ausgeprägter veranlagter Schärfe) Irish Red Setter Jack Russell Terrier Magyar Vizsla Parson Russell Terrier Pinscher Schäferhund Terrier (aus Jagdgebrauchszucht)

EINE FRAGE DER PERSÖNLICHKEIT

Zu den folgenden zwei Punkten gibt es keine Tests. Denn wie Menschen damit umgehen, hängt sehr von deren Persönlichkeit ab: Was für den einen leicht ist, ist für den anderen schwer. Um sich da ein Bild zu machen, ist es besser, direkt bei den Porträts nachzulesen.

Anspruch an die Erziehung: Wie pädagogisch anspruchsvoll wollen Sie's haben?

Hunde lernen leicht. Viele freuen sich tierisch darüber, wenn ihr Mensch mit ihnen übt, die Erfolge stellen sich schnell ein und das Erlernte wird gerne gezeigt. Hunde, die sehr kooperativ mit ihrem Menschen arbeiten, finden Sie auf Erziehungslevel 1 und 2 bei den Angaben in den Porträts. Andere machen lieber ihr eigenes Ding, wollen einsehen, was sie tun, überzeugt werden oder lassen sich leicht ablenken. Einen Jagdhund auf sich zu konzentrieren, wenn er eine Fährte in der Nase hat, ist nicht unbedingt leicht. Und ob für eine Korrektur mahnende Worte ausreichen oder mehr Einsatz notwendig ist, ist rasseabhängig und individuell. Mögen Sie lieber die Vorzeigeschüler, mit denen das Training eine leichte Nummer ist? Erwarten Sie zackigen Gehorsam? Oder suchen Sie die Herausforderung und wollen Ihr pädagogisches Talent auch bei tendenziell dickköpfigen Hunden beweisen? Und haben auch kein Problem damit, wenn es nicht auf Anhieb klappt? Oder Ihr Hund nur dann schnellen Gehorsam zeigt, wenn es ihm gerade passt? Anfänger tun sich meist mit einem leicht erziehbaren Hund leichter. Hunde, die schnell lernen, besitzen aber auch eine schnelle Auffassungsgabe in den Bereichen, wo es dem Menschen nicht so gut passt. Clever ist nicht zwangsläufig einfacher. Ob Sie damit gut klarkommen oder nicht, ist eine Frage Ihrer Persönlichkeit, Durchsetzungsfähigkeit, Konsequenz und Erwartungen. Fehlt die Konsequenz bei den leicht erziehbaren Hunden, können auch diese dem Halter schnell auf der Nase herumtanzen.

Tendenz zu Schutzverhalten: Wer beschützt wen?

Jeder Hund braucht einen Menschen, der sich für ihn einsetzt, wenn es darauf ankommt. Doch es gibt Hunde, die eher dazu neigen, der Beschützer zu sein, als andere. Sich auch in heiklen Momenten durchsetzen zu können und Souveränität auszustrahlen, ist bei diesen Vierbeinern besonders wichtig. Bei den Hunden der Porträts mit Schutzverhalten ab Level 4 braucht es schon toughe Menschen, die sich dann nicht das Zepter aus der Hand nehmen lassen. Hat ein Hund mit hohem Schutzverhalten keine klare Führung, kann es schwierig werden. Übrigens: Es ist nicht Sache des Hundes, seinen Menschen zu beschützen – es ist der Mensch, der für seinen Hund eintreten muss.

AKTIVITÄT: WIE VIEL DARF ES SEIN?

Ein Hund für Sportbegeisterte oder Gemütliche? Jeder Hund hat Freude an Bewegung und Beschäftigung. Wie viel er braucht, ist je nach Rasse unterschiedlich.

Benötigte Beschäftigung: Aktiv sein in der Freizeit – gefällt Ihnen das?

Einen großen Teil oder die ganze Freizeit mit dem Hund zu verbringen, mit ihm zu arbeiten, zum Beispiel zu apportieren, Fährte zu suchen, im Verein oder allein mit ihm Sport zu treiben oder anderes zu üben – stellen Sie sich so Ihr Leben mit Vierbeiner vor? Dann sind die Kandidaten mit einem Beschäftigungslevel 4 und höher in den Porträts genau richtig für Sie. Wer es jedoch gemütlicher wünscht, mit dem Vierbeiner spazieren gehen und sonst einfach mit ihm zusammen sein mag, der wird mit einem Hund glücklicher, der es selbst gerne ruhiger angehen lässt und relaxte Zweisamkeit mit seinem Menschen bevorzugt, diese finden Sie auf Level 1–2. Ihr Beschäftigungsbedürfnis lässt sich auch oft durch Spiele in der Wohnung oder im Garten befriedigen. Level 3 ist Durchschnitt, das passt zu vielen Hunden. Sie brauchen Beschäftigung, fordern sie aber nicht ein, wenn es mal nicht passt.

Benötigte Bewegung: Ist Ausdauer Ihr Ding?

Wer viel spazieren geht, joggt oder Rad fährt, wird auch die bewegungsintensiven Hunde Level 4 und 5 zufriedenstellen können. Für alle anderen ist ein Hund mit geringerem oder durchschnittlichem Laufbedürfnis der richtige Gefährte. Der durchschnittliche Hund auf Level 3 sollte täglich etwa zwei Stunden spazieren gehen, er kann aber auch mehr.

Eignung für Agility & Co.: Soll Ihr Hund sportlich sein?

Sie suchen einen Hund, mit dem Sie gemeinsam Sport treiben können, wenn er erwachsen und gesund ist? Dann sollten

BENÖTIGTE Bewegung und Beschäftigung sowie das Jagdverhalten werden bei der Hundewahl häufig unterschätzt.

Sie nach einem Vierbeiner mit einem Bewegungslevel 3 und höher suchen, der auch gute Voraussetzungen für Hundesport mitbringt, dafür steht der Agilitylevel ab 3 in den Porträts.

Diese Hunde sind körperlich prima für schnelle Sportarten mit viel Körpereinsatz geeignet und haben meist Spaß daran. Das bedeutet aber nicht zwangsläufig, dass sie diese Sportarten auch ausüben müssen: Nasen- und andere Kopfarbeit sind immer Alternativen, vor allem für Hunde, die leicht hektisch werden und sich schnell aufputschen lassen. Action muss immer im richtigen Maß angeboten werden.

Leistungs-, Schönheits- und Familienzuchten

Wie stark ein veranlagtes Verhalten bei einem Vertreter der Rasse ausgeprägt ist, hängt neben der individuellen Veranlagung unter anderem davon ab, ob seine Vorfahren in besonderem Maß darauf selektiert wurden oder nicht. Und so teilen sich viele Rassen in Zuchtlinien auf, die vermehrt nach Leistung oder nach Schönheit gezüchtet wurden und jene, die von beiden etwas haben.

Hunde aus reinen Leistungszuchten haben in der Regel ein so ausgeprägtes Arbeitsbedürfnis, dass sie ein sehr hohes oder spezielles Beschäftigungsangebot benötigen, um ausgelastet zu sein. Oder ihre Motivation, zum Beispiel zu jagen, ist so stark vorhanden, dass kontrollierter Freilauf nicht immer möglich sein wird. Hunde mit diesen Veranlagungen, die chronisch unterbeschäftigt sind oder niemals frei laufen können, führen oft ein trauriges Dasein und werden in der Folge oft verhaltensauffällig und zur Belastung für die Familie. Leistungshunde sind Spezialisten. Und sie sind Hunde für Spezialisten oder Menschen, die dazu werden möchten.

Wer einen Familienhund sucht, sollte deswegen besser nach Züchtern Ausschau halten, die neben der Gesundheit und dem Aussehen ihr Augenmerk vor allem auf die Familieneignung richten. Auch bei diesen kann es richtige Cracks geben, doch die Wahrscheinlichkeit ist geringer.

Zum Beispiel bei diesen Rassen unterscheiden sich Ausstellungs- und Leistungszuchten oft sehr stark in ihren Ansprüchen und/oder in ihrem Aussehen: Australian Shepherd, Dackel, Golden Retriever, Greyhound, Irish Red Setter, Labrador Retriever, Saluki, Schäferhund, Whippet sowie einige Terrierrassen.

TENDENZ ZU JAGDVERHALTEN: DER JÄGER IM HUND

Nicht nur Jagdhunde zeigen Jagdverhalten. Und das muss gemanagt werden. Hunde ab Level 4 sind in der Regel so ambitioniert, dass zuverlässiger Freilauf – der Hund kommt auf Rückruf zurück – nicht immer möglich ist. Ausnahmen kann es auch schon ab Level 3 und selten auch darunter geben. Kann ein Jagdhund nicht seiner Passion nachgehen, braucht er eine Ersatzbeschäftigung, die ihn auslastet sowie Ersatz für den Freilauf.

Spaziergang und Jagdverhalten

Sind Sie der Träumertyp, der seine Gedanken auch gerne einmal schweifen lässt und darauf vertrauen möchte, dass sein Hund in einem überschaubaren Radius bleibt? Ist es Ihnen wichtig, dass Ihr Hund frei laufen kann? Ausgeprägtes Jagdverhalten ist in diesem Fall keine

WUNSCHHUND-TEST

AKTIVITÄT: WIE SCHÄTZEN SIE SICH EIN?

Tragen Sie in der rechten Spalte Ihre Werte ein und vergleichen Sie die Summe mit der Auflösung.

		Trifft nicht zu			Durch-schnitt		Trifft genau zu	Ihre Angabe
1	Ich treibe viel Sport.	0	1	2	3	4	5	4
2	Ich gehe gern lange spazieren.	0	1	2	3	4	5	5
3	Ich möchte viel oder meine ganze Freizeit aktiv mit meinem Hund verbringen.	0	1	2	3	4	5	3
4	Ich möchte intensiv mit dem Hund arbeiten.	0	1	2	3	4	5	3
5	Ich gehe gern bei jedem Wetter spazieren.	0	1	2	3	4	5	4
6	Ich bin gesundheitlich fit, voraussichtlich auch die nächsten Jahre.	0	1	2	3	4	5	5
7	Ich habe viel Zeit für den Hund.	0	1	2	3	4	5	3
8	Ich nehme meinen Hund wenn möglich überall mit ihn.	0	1	2	3	4	5	3
9	Ich spiele gern mit meinem Hund.	0	1	2	3	4	5	3
10	Ich bin mobil (Auto etc.).	0	1	2	3	4	5	5

38

AUFLÖSUNG

0–20: Aktivität niedrig

Für Menschen, die genug Bewegung und Beschäftigung bieten und ggf. viel spielen, aber tendenziell weniger aktiv sind. Mehr zu tun, ist bei diesen Rassen aber möglich.

Bichon frisé
Cavalier King Charles Spaniel
Chihuahua
Französische Bulldogge
Havaneser
Malteser
Mops
Neufundländer
Papillon
Pinscher (Zwerg-)
Pudel (Toy-)
Spitz (Zwerg)

21–35: Aktivität mittel

Für Menschen, die gerne spazieren gehen und aktiv sind, aber nicht zwangsläufig den größten Teil ihrer Freizeit damit verbringen möchten. Mehr zu tun, ist möglich.

Australian Terrier
Basset
Beagle
Bearded Collie
Berner Sennenhund
Border Terrier
Boston Terrier
Boxer
Cairn Terrier
Collie Langhaar
Dackel
Elo®
English Cocker Spaniel
Eurasier
Golden Retriever (aus Familienzucht)
Greyhound
Kooikerhondje
Kromfohrländer
Labradoodle
Labrador Retriever (aus Familienzucht)
Lagotto Romagnolo
Pinscher
Pudel (Groß-, Klein-, Zwerg-)
Saluki
Schnauzer + Zwergschnauzer
Shetland Sheepdog
Spitz (Wolf-, Groß-, Mittel-, Klein-)
Tibet Terrier
West Highland White Terrier
Whippet

36–50: Aktivität hoch

Für sehr aktive Menschen, die mit ihrem Hund viel Sport treiben oder intensiv mit ihm arbeiten möchten.

Australian Shepherd
Collie Kurzhaar
Dalmatiner
English Springer Spaniel
Flat Coated Retriever
Gordon Setter
Greyhound aus Rennlinie
Irish Red Setter
Islandhund
Jack Russell Terrier
Magyar Vizsla
Parson Russell Terrier
Retriever aus Arbeitslinien
Saluki aus Rennlinie
Samojede
Schäferhund
Terrier aus Jagdgebrauchszuchten
Whippet aus Rennlinie

GANZ ENTSPANNT spazieren zu gehen ist mit vielen Vierbeinern möglich, wenn die Grunderziehung stimmt.

passende Eigenschaft. Denn dann müssen Sie den Hund ständig im Auge behalten und viel Zeit und mitunter Geld in die Freilauferziehung stecken, damit er nicht seine eigenen Anliegen verfolgt: Ab Level 4 kann das zur großen Herausforderung werden und wird von vielen Haltern unterschätzt. Ganz unabhängig davon: Damit der Freilauf klappt, muss mit jedem Hund am Rückruf und an der Beziehung gearbeitet werden. Wichtig ist dafür auch eine ausreichende Auslastung, denn ein unterbeschäftigter Hund geht leichter eigene Wege. Eigensinnige Hunde machen auch eher ihr Ding und haben mitunter einen großen Radius. Für einen entspannten Spaziergang sind sehr menschenbezogene Hunde oder viele der Hütehunde besser geeignet, die ihre Truppe gern beisammenhaben.

WIE VIEL HUND DARF'S SEIN?

Viele Hundefreunde suchen sich ihren Vierbeiner nach der Größe aus. Doch im Alltag spielt das Gewicht eine wichtigere Rolle. Wie viel Kilogramm Hund können Sie managen?

Große und schwere Hunde stellen besondere Anforderungen an ihre Menschen. Ohne entsprechende Erziehung und Führung kann ihre Power nicht in die richtige Bahn gelenkt werden. Sie müssen sicher an der Leine geführt werden, auch wenn sie ruckartig und unerwartet lospreschen. Sind sie krank oder im Alter bewegungseingeschränkt, kann es nötig sein, sie ins Auto zu heben oder auf Treppen zu tragen. Die Statur des Halters und seine körperliche Fitness sollten da auf absehbare Zeit mithalten können. Das Auto muss dem Hund genug Platz bieten und hat im besten Fall einen niedrigen Einstieg. In der Stadt kann es schwierig mit einem schweren Hund sein, der auf der Rolltreppe nicht getragen werden kann und vielleicht nicht gelernt hat, in U-Bahn oder S-Bahn zu fahren. Und wenn öffentliche Verkehrsmittel überfüllt sind, wird die Fahrt dann auch nicht leichter. Im Wachstum haben schwere und/oder große Hunde besondere Ansprüche, damit sie gesund heranwachsen: Die Ernährung muss angepasst und die Bewegung moderat sein. Häufig viele Treppen steigen zu müssen, schadet ihrem Bewegungsapparat besonders. Je schwerer ein Hund ist, desto mehr kostet sein Unterhalt.

Ein sehr kleiner Hund stellt ganz andere Anforderungen an seine Menschen. Das fängt damit an, den Zwerg ernst zu nehmen und wie einen Hund zu behandeln. Er will Erziehung und Anleitung genau wie ein Großer und braucht natürlich auch angemessene Beschäftigung und Bewegung. Fehlen Auslastung und Führung, ist auch ein Minihund unglücklich und kann dann zur Nervensäge werden. Gute Sozialisierung ist bei jeder Größe

WUNSCHHUND-TEST

UMGANG MIT JAGDVERHALTEN: WIE SCHÄTZEN SIE SICH EIN?

Tragen Sie in der rechten Spalte Ihre Werte ein und vergleichen Sie die Summe mit der Auflösung.

		Trifft nicht zu			Durch-schnitt		Trifft genau zu	Ihre Angabe
1	Ich habe viel Erfahrung mit/Wissen über jagdlich ambitionierte Hunde.	0	1	2	3	4	5	0
2	Es macht mir nichts aus, den Hund an der Schleppleine zu führen.	0	1	2	3	4	5	1
3	Ich kann dem Hund regelmäßig eine Alternative für den Freilauf im Feld bieten.	0	1	2	3	4	5	
4	Ich gehe vorausschauend spazieren und lasse mich nicht leicht ablenken.	0	1	2	3	4	5	
5	Ich bin reaktionsschnell.	0	1	2	3	4	5	
6	Ich bin bereit, viel Zeit und ggf. Geld in das Rückruftraining zu investieren.	0	1	2	3	4	5	
7	Ich komme damit klar, dass Freilauf vielleicht niemals möglich ist.	0	1	2	3	4	5	
8	Ich gehe oft in wildarmen Gebieten spazieren.	0	1	2	3	4	5	
9	Ich habe ein gutes Nervenkostüm.	0	1	2	3	4	5	
10	Ich komme damit klar, wenn mein Hund sich in einem großen Radius bewegt.	0	1	2	3	4	5	

AUFLÖSUNG

0–20

Passend für Menschen, die sich einen entspannten Spaziergang und keinen großen Aufwand für das Freilauftraining wünschen. Freilauf ist in der Regel möglich.

Bearded Collie
Berner Sennenhund
Bichon frisé
Boston Terrier
Boxer
Chihuahua
Collie (Langhaar + Kurzhaar)
Elo®
Eurasier
Französische Bulldogge
Havaneser
Islandhund
Kromfohrländer
Lagotto Romagnolo
Malteser
Mops
Neufundländer
Papillon
Pinscher (Zwerg-)
Pudel (Toy-)
Schnauzer + Zwergschnauzer
Shetland Sheepdog
Spitz (alle)
Tibet Terrier

21–35

Passend für Menschen, die sich keinen überdurchschnittlich jagdlich ambitionierten Hund wünschen. Freilauf ist meist möglich.

Rassen aus Spalte 1 und
Australian Shepherd
Australian Terrier
Cavalier King Charles Spaniel
Dalmatiner
English Cocker Spaniel
English Springer Spaniel
Flat Coated Retriever
Golden Retriever
Kooikerhondje
Labradoodle
Labrador Retriever
Pinscher
Pudel (Groß-, Klein-, Zwerg-)
Schäferhund
West Highland White Terrier
Whippet (aus Familienzucht)

36–50

Passend für Menschen, die gut mit jagdlich hoch ambitionierten Hunden klarkommen und viel Zeit in das Freilauftraining investieren. Dann kann Freilauf funktionieren, muss aber nicht.

Rassen aus Spalte 1 und 2 und
Basset
Beagle
Border Terrier
Cairn Terrier
Dackel
Gordon Setter
Greyhound
Irish Red Setter
Jack Russell Terrier
Magyar Vizsla
Parson Russell Terrier
Saluki
Samojede
Whippet (aus Rennlinie)

wichtig, nicht zuletzt, damit die Hunde höflich miteinander umgehen. Große Hunde müssen lernen, ihre Kraft für das Gegenüber passend dosiert einzusetzen, und kleine Hunde, sich angemessen zu behaupten. Trotzdem sind Hundebegegnungen mit einem kleinen Hund manchmal schwierig, denn nicht immer zeigen der größere Hund und/oder sein Mensch die wünschenswerte Rücksichtnahme. Oder der Kleine provoziert den Großen. Da gilt es, das richtige Maß zu finden und den Zwerg, wenn nötig zu beschützen, ohne ihn jedoch ständig in Watte zu packen. Vor allem Menschen, die schon älter und/oder bewegungseingeschränkt sind, kommen mit einem kleinen oder mittelgroßen Hund mit praktischem Gewicht meist besser klar. Ein kleinerer Hund ist auch sinnvoll, wenn die Wohnung nicht im Erdgeschoss liegt und es keinen Aufzug gibt, der zuverlässig funktioniert. Auf Reisen sind Sie mit kleinem Hund flexibler – und der Hund reist angenehmer. Das gilt nicht nur mit öffentlichen Verkehrsmitteln auf Schiene oder Straße, viele Fluggesellschaften erlauben Hunden bis ca. 5 kg den Aufenthalt in der Passagierkabine.

Oft sind die Größen- und/oder Gewichtsangaben in den Porträts nur angleichende Werte, denn nicht jeder Rassestandard gibt die Angaben vor. Rüden sind meist schwerer, größer und kräftiger als Hündinnen.

TENDENZ ZUR WACHSAMKEIT: ALARMANLAGE AUF VIER PFOTEN

Zur Wachsamkeit gehört das Bellen. Rassen auf Level 3 in den Porträts zeigen es durchschnittlich, manche mehr, andere weniger. Haben Sie ein eigenes Haus? Dann sind Sie sicher froh, wenn Ihr Hund zu den guten Wächtern gehört – das ist oft besser als eine Alarmanlage. Und dann stört es auch die Nachbarn nicht, wenn er zuverlässig anschlägt. Die können sich jedoch in einer Miet- oder Eigentumswohnung belästigt fühlen, wenn bellfreudige Hunde jede Bewegung im Treppenhaus melden. Wie viel ein Hund bellt, lässt sich in vielen Fällen mit Erziehung beeinflussen. Bellen gehört zum Hund. Doch wird er nicht gebremst oder sogar noch angestachelt, bellt er mehr – genauso, wenn er sich langweilt oder das Alleinsein nicht gelernt hat.

EIGNUNG FÜR DAS STADTLEBEN: URBANES FLAIR ODER LANDLUFT?

Das Leben in der Stadt oder auf dem Land ist vielfältig und lässt sich nicht in ein Schema pressen. Kleine Wohnung im Hochhaus oder Haus mit Garten? Betonwüste drum herum oder ein schöner Park, Freilaufflächen oder freies Feld gut erreichbar? Eine ruhige Wohngegend oder eine, wo immer hektisches und lautes Treiben herrscht? Wie mobil ist der Mensch? Alles das sind Fragen, die es bei der Hundehaltung zu berücksichtigen gilt. Ein kleiner Vierbeiner ist nicht zwangsläufig überall passend und eine Etagenwohnung schließt die Hundehaltung nicht aus. Was auf jeden Fall gegeben sein muss: Genug Grünflächen in erreichbarer Nähe, ob zu Fuß, per Auto oder mit anderen Verkehrsmitteln. Wer in der Stadt einen bewegungs- und/oder beschäftigungsintensiven Hund halten will, muss viel unterwegs sein und eventuell auch weite Wege in Kauf nehmen, um ihm das zu bieten, was er braucht. Hunde mit hochsensiblen Sinnen, wie zum Beispiel einige der Hütehunde sie haben, können von der Geräuschkulisse überfordert sein und sind besser in einer ruhigeren Umgebung aufgehoben. Rassen ab Level 3 in den Porträts kommen in der Regel mit dem Leben in der City zurecht, wenn der Mensch ihre Bedürfnisse erfüllt.

PFLEGE: PUTZTEUFELCHEN ODER PUTZMUFFEL?

Mit Hund wird die Wohnung nicht sauberer. Nass riecht jeder Hund nach Hund, manche mehr, andere weniger. Langhaarige und gelockte Hunde bringen dazu naturgemäß mehr Andenken vom Spaziergang mit: Schlammpfoten, Kletten, Ästchen, Gras und Blätter im Fell. Wasserfreudige Hunde machen auch vor schlammigen Pfützen nicht halt – und das sollten sie auch nicht müssen. Häufigeres Abduschen des Hundes ist da vorprogrammiert. Dementsprechend aufwendiger sind Fellpflege und Hausputz. Wer nicht gerne Schrubber und Hundebürste zur Hand nimmt, entscheidet sich besser für einen pflegeleichteren Vierbeiner auf dem Level 1 und 2, aufwendig wird es ab Level 4. Kurz- und stockhaarige Hunde verlieren mehr Fell, gerade die kurzen und harten Haare können eine hartnäckige Liaison mit Polstern und anderen Textilien eingehen. Viele Hunde müssen regelmäßig getrimmt, geschnitten oder geschoren werden. Hunde mit langen, hängenden Barthaaren haben meist eine nasse Schnauze. Und Hunde mit losen Lefzen sabbern je nach Ausprägung mehr oder weniger. Das kann von einigen Sabbertropfen bis zu langen und sich in der Wohnung und auf der Kleidung verteilenden Sabberfäden reichen. Das ist nicht immer jedermanns Fall.

DEN WUNSCHHUND FINDEN

Sie haben nun einige Rassekandidaten zur Auswahl und wissen, worauf es Ihnen ankommt. Nun gilt es, in den Porträts zu stöbern und sich weiter zu informieren, und vor allem zu sehen, ob anhand der Bilder oder Beschreibungen ein erster Funke überspringt. Und dann? Nehmen Sie Kontakt zu Haltern, Züchtern, Tierärzten und Tierschutzorganisationen auf, die sich mit der Rasse befassen, um mehr zu erfahren und verschiedene Hunde persönlich kennenzulernen. In jedem Fall ist es sinnvoll, sich bei der Rassefindung auch von einem guten Trainer unterstützen zu lassen. Dieses Buch kann Sie ein Stück des Weges auf der Suche nach Ihrem Familienhund begleiten. Die Entscheidung kann es Ihnen nicht abnehmen.

HUND WILL HUND SEIN. Dazu gehört, sich in der schlammigen Pfütze so richtig schmutzig zu machen oder sich zu wälzen.

FAMILIE GESUCHT,
50 Kandidaten stellen sich vor

HIER SIND SIE NUN, DIE KANDIDATEN FÜR DIE FAMILIEN-HUNDE. DA IST FÜR JEDEN KÜNFTIGEN HUNDEHALTER ETWAS DABEI, VON IDEALEN HUNDEN FÜR EINSTEIGER BIS ZU JENEN, DIE WEGEN IHRER SPEZIELLEN BEDÜRFNISSE UND TALENTE ERFAHRENE ODER BESONDERS ENGAGIERTE MENSCHEN BRAUCHEN. ALLESAMT WUNDERBARE VIER-BEINER, JEDER AUF SEINE ART.

HUNDERASSENPORTRÄT **AUSTRALIAN SHEPHERD**

AUSTRALIAN SHEPHERD

Der Australian Shepherd ist nicht nur bildhübsch, sondern auch ausgesprochen clever, dazu noch lernfreudig mit einer riesigen Portion Ausdauer und Power. Das macht ihn zu einem Allrounder für sportliche Menschen, die sein Temperament zu lenken wissen und ihn auslasten.

HÜTE- UND TREIBHUNDE

Größe: 46–58 cm

Gewicht: 17–28 kg

Lebenserwartung: 12 Jahre +

Fell: wetterbeständiges Fell mittlerer Länge mit dichter Unterwolle

Farbe: blue- und redmerle, schwarz oder rot mit oder ohne weiße und/oder kupferfarbene Abzeichen

Kaufpreis: 1 000–1 400 EUR

Erziehung: ♞♞ ♞ ♞ ♞

Beschäftigung: ♞♞♞♞♞

Bewegung: ♞♞♞♞ ♞

Pflege: ♞♞ ♞ ♞ ♞

Jagdverhalten: ♞♞♞ ♞ ♞

Schutzverhalten: ♞♞♞ ♞ ♞
individuell unterschiedlich

Wachsamkeit: ♞♞♞♞ ♞

Agility & Co.: ♞♞♞♞♞

Eignung für Stadt: ♞♞ ♞ ♞ ♞

Der Name täuscht, denn der agile Vierbeiner hat seine Wurzeln in den USA. Dort mischten sich die Hütehunde der aus Europa und Australien eingewanderten Schafzüchter zur heute als „Australian Shepherd" bekannten Rasse.

CLEVER UND AKTIV

So entstand ein robuster und tougher Arbeitshund, angepasst an das raue und harte Leben und die vielfältigen Aufgaben, die Farmer und Viehzüchter an ihn stellten: als nicht zimperlicher, geschickter und ausdauernder Hütehund; als Viehtreiber, der bei seiner Arbeit auch nicht davor zurückschreckt, großen Rindern in die Fersen zu schnappen; als Beschützer der Herden und als Wächter des Anwesens. Einige zeigen auch heute noch Schutzverhalten.

Diese Eigenschaften bringt der „Aussie", wie er auch genannt wird, mit in das Leben in der Familie – manche mehr oder weniger ausgeprägt. So kann starkes Hüteverhalten dazu führen, dass kurzerhand Kinder, Passanten, Tiere, Fahrradfahrer oder Autos zu „Hüteobjekten" ernannt und zusammengetrieben werden. Klingt lustig, ist es aber für die Beteiligten nicht immer. Energiegeladen und ausdauernd sind die Shepherds alle, dementsprechend verlangen sie auch viel Bewegung und Beschäftigung. Das richtige und zum Hund passende Maß an Beschäftigung und die souveräne und konsequente Führung sind sehr wichtig, damit der Aussie der freundliche und ausgeglichene Vierbeiner sein kann, der er sein möchte und den seine Familie sich wünscht.

Zuchthunde werden auf MDR1-Defekt (führt zu gefährlicher Überempfindlichkeit auf bestimmte Arzneistoffe), Hüftgelenks- und Ellenbogendysplasie sowie erbliche Augenerkrankungen untersucht, selten treten Epilepsie und Schilddrüsenerkrankungen auf. Sein Fell ist mit regelmäßigem Kämmen und Bürsten ausreichend gepflegt.

DAS IST *wirklich* WICHTIG

WACHSAMKEIT gehört zum Aussie dazu. Zu Fremden ist er anfangs oft reserviert. Ist bei einem Aussie das Schutzverhalten stark ausgeprägt, kann das im Alltag zur Herausforderung werden.

EIN WORKAHOLIC wie der clevere, sportliche Shepherd will arbeiten, zum Beispiel Agility, Dog Dancing, Tricks lernen, Treibball, Obedience oder als Reitbegleithund, Rettungs- oder Therapiehund. Ist er nicht richtig ausgelastet, wird das Zusammenleben anstrengend und zur Belastung für alle Beteiligten.

FREUNDSCHAFT fürs Hundeleben bietet der Aussie den Menschen, die im besten Sinne Führungsqualität beweisen und den Spagat zwischen Beschäftigung und nötigen Ruhezeiten meistern. Dann schließt er sich ihnen eng an und möchte am liebsten immer dabei sein.

Erwachsener Australian Shepherd [A + B] und ein Welpe [C].

DAS IST *wirklich* WICHTIG

SPORTLICH und bewegungsfreudig, liebt der Australian Terrier ausgedehnte Spaziergänge und andere Unternehmungen mit seinem Menschen. Dauerentertainment braucht er aber nicht. Zur Beschäftigung bieten sich Suchaufgaben, Tricks und Hundesport wie Agility an.

HÜTEN ist für Terrier untypisch – für den Australier gehörte es zum Job. Und so hält er auch heute noch gern die Familie zusammen und bleibt beim Spaziergang oft in Sichtweite. Jagdverhalten ist individuell: In manchen Linien ist es ausgeprägt, in anderen weniger vorhanden.

ER LERNT sehr eifrig und schnell, bedarf aber trotzdem konsequenter Erziehung. Wer sich bei ihm durchzusetzen vermag, hat einen leichtführigen Terrier. Anfänger sollten Engagement und Hundeverstand besitzen.

AUSTRALIAN TERRIER

Der Vierbeiner aus Australien ist ein echter Geheimtipp für Terrierfreunde. Zwar kann auch er ein kleiner Draufgänger sein, zum Raufen neigt er jedoch nicht. Er ist sehr menschenbezogen und kann sich gut auf die Stimmungen seiner Zweibeiner einstellen.

Er ist das gelungene Ergebnis verschiedener Terrierrassen, die englische, schottische und irische Siedler mit auf die Reise zum fünften Kontinent nahmen, um Ratten und Mäuse auf den Schiffen zu dezimieren. Bald als eigene nationale Rasse etabliert, hielt er auch auf den Farmen weiterhin die Zahl unliebsamer Nager im Zaum, nahm es sogar furchtlos mit Schlangen auf, bewies sich als zuverlässiger Wächter und ganz terrieruntypisch als geschickter Viehhüter. Ein echter Tausendsassa, robust und loyal.

TERRIER FÜR ENGAGIERTE EINSTEIGER
Ende des 19. Jahrhunderts wurde der erste Rassestandard erstellt und seit den 1970er-Jahren ist der niederläufige Vierbeiner in Deutschland anzutreffen. Noch immer eine seltene Rasse, hat der Australian Terrier treue Anhänger, die diesen für einen Terrier leichtführigen Hund schätzen. Und mit guter Sozialisierung und konsequenter Erziehung zeigt er sich tatsächlich als anpassungsfähiger Begleiter, der leicht und freudig lernt, lustig ist, gut mit Artgenossen auskommt und sich freut, wenn er dabei sein darf. Im Umgang mit Menschen ist er dann offen, freundlich und verspielt und Kindern ein prima Freund. Dazu ist er sportlich und ausdauernd, passt im Haus gut auf, verbreitet aber keine Hektik und toleriert es auch, wenn es einmal ruhiger zugeht.

Vorbeugend lassen viele Züchter ihre Hunde auf Patella-Luxation, Diabetes und Schilddrüsenunterfunktion untersuchen. Die typische Halskrause sieht aus wie eine Löwenmähne. Das harsche Fell bietet Schutz im dichten Unterholz und wird gelegentlich gezupft. Ansonsten sind regelmäßiges Bürsten und Kämmen für das pflegeleichte Fell ausreichend.

TERRIER

Größe: Rüden ca. 25 cm, Hündinnen etwas weniger

Gewicht: Rüden ca. 6,5 kg, Hündinnen etwas weniger

Lebenserwartung: 12 Jahre +

Fell: harsches, glattes, dichtes und knapp 6 cm langes Deckhaar mit kurzer, weicher Unterwolle

Farbe: blau mit loh; sowie sandfarben oder rot

Kaufpreis: ca. 1 000 EUR

Erziehung: 🐎🐎🐎

Beschäftigung: 🐎🐎🐎

Bewegung: 🐎🐎🐎

Pflege: 🐎🐎

Jagdverhalten: individuell sehr unterschiedlich 🐎🐎🐎

Schutzverhalten: 🐎🐎

Wachsamkeit: 🐎🐎🐎🐎

Agility & Co.: 🐎🐎🐎🐎

Eignung für Stadt: 🐎🐎🐎🐎

HUNDERASSENPORTRÄT **BASET HOUND**

BASSET HOUND

Sein Fell wirkt oft so, als sei es einige Nummern zu groß. Sein Blick ist Melancholie pur und seine Stimme tief und angenehm melodisch. Und wenn er rennt, zeigen seine langen Ohren und Lefzen eine skurrile Eigendynamik – der Basset ist kein gewöhnlicher Hund.

Das französische Wort „bas" bedeutet „niedrig" oder „tief". Die Bezeichnung „Basset" steht für einen kurzbeinigen Laufhund. Als Jagdgehilfe zeichnete sich der aus Großbritannien stammende Basset Hound als selbstständig jagender Hund aus, der der Fährte des Hasen oder angeschossenen Wildtieres in gemäßigtem Tempo über sehr lange Entfernungen folgen kann und sich besonders im tiefen Unterholz beweist.

Er stammt von französischen Niederlaufhunden ab, die in der 2. Hälfte des 19. Jahrhunderts nach England kamen, später wurde Bloodhound eingekreuzt. Etwa hundert Jahre später haben fehlgeleitete Zucht und eine Schuhwerbung, die den Basset zum reichlich vermehrten Modehund machte, der Rasse sehr geschadet. Heute bemühen sich die Züchter vermehrt, von äußerlichen Übertreibungen abzusehen, und stellen die Gesundheit ihrer Hunde wieder stärker in den Vordergrund.

IN SICH RUHEND
Ausgelastet ist der Basset ein ausgeglichener Hund. Spaziergänge und Nasenarbeit sind ideal zur Beschäftigung. Schneller und sprungintensiver Hundesport wie Agility eignen sich hingegen nicht für einen Hund mit diesem Körperbau.

Anhänglich zu seiner Familie, ist er zu Hause ein gemütlicher Typ, der engen Anschluss an seine Menschen braucht. Er ist substanzvoll, sowohl im Körperbau als auch im Charakter. Die Zuwendung seiner Menschen ist ihm wichtig, doch er wird stets ein großes Maß an Selbstständigkeit behalten – im Alltag kann das zur Herausforderung werden. Wer als Halter weiß, was er will, und dies hundgerecht vermitteln kann, sich selbst aber trotzdem nicht allzu ernst nimmt, wird mit einem Basset viel Freude haben.

Zuchthunde werden auf Hüftgelenksdysplasie untersucht. Der Basset haart mitunter stark, täglich kurz zu bürsten ist daher sinnvoll, im Fellwechsel auch intensiver. Kaufen Sie bei einem Züchter, der keine Übertypisierungen fördert, wie extrem hängende Lider, übermäßig lange Ohren, übertriebene Faltenbildung oder überschwere Hunde, denn dies fördert auch gesundheitliche Probleme.

LAUFHUNDE, SCHWEISSHUNDE UND VERWANDTE RASSEN

Größe: 33–38 cm

Gewicht: ca. 25–35 kg

Lebenserwartung: 10 Jahre +

Fell: kurz, glatt und dicht, nicht zu fein

Farbe: dreifarbig, zweifarbig (lemon-weiß) und jede andere Laufhundfarbe

Kaufpreis: 1 000–1 500 EUR

Erziehung: 4/5
Beschäftigung: 3/5
Bewegung: 3/5
Pflege: 3/5
Jagdverhalten: 4/5
Schutzverhalten: 2/5
Wachsamkeit: 4/5
Agility & Co.: 1/5
Eignung für Stadt: 3/5

DAS IST *wirklich* WICHTIG

FÜR EIGENSTÄNDIGE ARBEIT gezüchtet, ist der Basset auch heute noch ein selbstständiger Hund, der stur sein kann, wenn es ihm passt. Einfach ist er nicht – Erziehung ist trotzdem möglich, wenn der Halter konsequent ist, Geduld hat und keinen hundertprozentigen Gehorsam erwartet.

GUTMÜTIGKEIT, GEDULD und Toleranz sind typische Eigenschaften für den gut sozialisierten Basset. Als Meutehund bringt er beste Voraussetzungen für einen verträglichen Umgang mit Artgenossen mit.

DAS BEHÄBIGE AUSSEHEN täuscht: Der Basset kann überraschende Sprints zeigen und braucht ausgiebige Spaziergänge. Richtig gefordert, ist er durchaus sportlich und ausdauernd. Bei Freilauf muss er beaufsichtigt werden, denn besonders Hasenfährten können sehr verlockend für ihn sein.

DAS IST *wirklich* WICHTIG

DIE ERZIEHUNG zum kontrollierten Freilauf wird – wenn er denn überhaupt möglich ist – der schwierigste Teil der Ausbildung sein. Beim Freilauf muss der Halter seinen Hund immer im Auge behalten, um ihn rechtzeitig heranrufen zu können.

ALS LAUFHUND hat der Beagle ein hohes Bewegungsbedürfnis – ausgedehnte Spaziergänge sind da genau richtig. Als weitere Beschäftigung bietet sich besonders Nasenarbeit in all ihren Varianten an.

BEIM ANBLICK der wunderschönen Augen konsequent zu bleiben, fällt schwer. Der Beagle nutzt das gerne, um einen Extrahappen zu erflehen oder andere Anliegen durchzusetzen. Trotzdem gilt es zu widerstehen und überflüssige Pfunde des tendenziell verfressenen Beagles zu verhindern.

BEAGLE

Müsste man den Beagle mit einem Wort beschreiben, wäre es sicher „sympathisch". Der kleine Laufhund ist ein fröhlicher Typ, angenehm im Wesen, hat eine „praktische" Größe und ist dazu äußerst hübsch. Ein echter Traumhund – wenn der Halter sein Jagdverhalten managen kann.

Die Rasseanerkennung gab es erst Ende des 19. Jahrhunderts in England, obwohl der vermutlich von größeren Laufhunden abstammende Vierbeiner schon 300 Jahre früher Erwähnung findet. Gezüchtet wurde der Beagle vorwiegend für die Jagd auf Hasen. Diese selbstständig und mit der typisch tiefen Stimme Laut gebend zu verfolgen, war sein Job.

DIE NASE VORN

Der Rassestandard wünscht einen Hund, dessen wesentliche Bestimmung es ist, zu jagen und der Fährte unerschrocken, äußerst lebhaft und mit Zähigkeit und Zielstrebigkeit zu folgen. Dies hat der Beagle wohl gelesen. Und verinnerlicht. Denn hat er einmal eine Fährte in der Nase, ist er in der Regel weg. Und es kann Stunden dauern, bis er wieder nach Hause kommt oder gefunden wird. Das ist nichts für Halter mit dünnem Nervenkostüm. Und der Welpenkäufer sollte sich nicht darauf verlassen, dass sein Hund die Ausnahme ist.

Abgesehen davon hat der Beagle nur Vorzüge: Als Meutehund soll er verträglich mit Artgenossen sein, er ist lustig, lebhaft, verspielt und Menschen gegenüber aufgeschlossen. Schärfe oder unangemessene Aggression sind untypisch – gute Sozialisation immer vorausgesetzt. Er ist anpassungsfähig und intelligent. Allerdings in Kombination mit einem mitunter ordentlichen Dickkopf, was die Erziehung nicht immer zum Kinderspiel macht. Aber genau richtig für Hundehalter, die sich eine starke Persönlichkeit an ihrer Seite wünschen.

Zuchthunde werden auf Hüftgelenksdysplasie untersucht und es erfolgt eine Probenentnahme für den Test auf das Musladin-Lueke-Syndrom (Bindegewebsvermehrung an Haut und Gelenken), zudem können selten Cherry-eye (Vorfall der Nickhautdrüse), Schilddrüsenunterfunktion und Epilepsie auftreten. An sich ist der Beagle aber eine robuste Rasse; die Fellpflege ist einfach.

LAUFHUNDE, SCHWEISSHUNDE UND VERWANDTE RASSEN

Größe: 33–40 cm

Gewicht: 10–18 kg

Lebenserwartung: 12 Jahre +

Fell: kurz und dicht

Farbe: dreifarbig (schwarz oder blau, braun und weiß); gefleckt; gelb oder rot oder braun oder schwarz mit weiß, einfarbig weiß

Kaufpreis: 900–1 100 EUR

Erziehung: 4

Beschäftigung: 4

Bewegung: 4

Pflege: 1

Jagdverhalten: 4

Schutzverhalten: 1

Wachsamkeit: 4

Agility & Co.: 3

Eignung für Stadt: 3

HUNDERASSENPORTRÄT **BEARDED COLLIE**

BEARDED COLLIE

Sportliche Zweibeiner, die sich einen aktiven Vierbeiner an ihrer Seite wünschen, der dazu fröhlich ist und reichlich Charme besitzt, kommen am „Beardie" nicht vorbei. Um das Glück perfekt zu machen, sollten sie Freude an Fellpflege und am Hausputz haben.

HÜTE- UND TREIBHUNDE

Größe: 51–56 cm

Gewicht: 17–28 kg

Lebenserwartung: 12 Jahre +

Fell: lange, raue Deckhaare über dichter, weicher, pelziger Unterwolle

Farbe: schiefergrau, rötlich falbfarben, schwarz, blau, alle Nuancen von grau, braun und sandfarben, mit oder ohne weiße Abzeichen

Kaufpreis: 850–1500 EUR

Erziehung:

Beschäftigung:

Bewegung:

Pflege:

Jagdverhalten:

Schutzverhalten:

Wachsamkeit:

Agility & Co.:

Eignung für Stadt:

Wo genau der Bearded Collie seinen Ursprung hat, ist ebenso undurchsichtig wie sein dichtes Fell. Vermutlich stammt er von zotthaarigen Hütehunden aus dem osteuropäischen und asiatischen Raum ab. In seiner schottischen Heimat hat er seit Jahrhunderten das Vieh getrieben, gehütet und darauf aufgepasst.

SPRÜHT VOR ENERGIE

Als Begleithund bereichert der attraktive Schotte das Familienleben mit seinem netten Wesen, seiner lustigen Art und seiner Anhänglichkeit – am wohlsten fühlt er sich in Gesellschaft seiner Menschen und in einem stabilen Umfeld. Gut sozialisiert und erzogen, kommt er prima mit Kindern, Artgenossen und anderen Tieren aus. Seine Leute hält er auf Trab, verlangt der Hütehund doch ausreichend Bewegung und Beschäftigung. Bei Spiel und Sport kann er so richtig aufdrehen und zeigen, wie viel Power und Ausdauer in ihm steckt. Manche Beardies neigen dazu, jede Handlung bellend zu kommentieren, das sollte dann frühzeitig in Maßen gehalten werden.

In Sachen Erziehung macht er es seinen Menschen leicht, er lernt gerne und mit Spaß. Blinder Gehorsam liegt ihm trotzdem nicht. Seine Anliegen setzt er ohne Aggressivität durch, denn ganz schnell hat er raus, dass er mit seinem treuen Blick und seiner lustigen Art viel leichter sein Ziel erreicht. Wenn der Halter das nicht erkennt und sensibel und konsequent – ohne harten Druck – darauf achtet, die Führung zu behalten, kann ihm der clevere Beardie auf der „Nase herumtanzen".

Wie die meisten Hütehunde haben einige Rassevertreter ein sensibles Gehör, die laute Stadt ist nicht für alle der ideale Wohnort. Zuchthunde werden auf Hüftgelenksdysplasie untersucht, auf freiwilliger Basis auch auf Augenerkrankungen. Die Fellpflege ist aufwendig.

DAS IST *wirklich* WICHTIG

DAS GRÜNDLICHE BÜRSTEN und Kämmen alle ein oder zwei Wochen kann bis zu zwei Stunden dauern, beim Wechsel vom Junghund- zum erwachsenen Fell auch länger. Schon der junge Hund sollte daran gewöhnt werden. Dazu bringt der Beardie allerlei vom Spaziergang mit, wie Schlammpfoten, Blätter, Zweige, Kletten und Zecken.

DER AGILE UND LEBHAFTE Bearded Collie braucht Bewegung und Beschäftigung – kein Partner für Sofahocker. Neben ausgedehnten Spaziergängen sind Agility, Dog Dancing, Treibball, Hütearbeit und andere Hundesportarten genau richtig.

EINFÜHLSAM, wie der Beardie ist, kann er seine Menschen wie ein Buch lesen. Das nutzt er gerne, um seine Menschen „um die Pfote" zu wickeln. Seinem Charme zu widerstehen, ist die Kunst seiner Erziehung.

DAS IST *wirklich* WICHTIG

SEINER EINSTIGEN AUFGABE entsprechend ist der stattliche Vierbeiner aus der Schweiz meist ein mental starker Hund, der weiß, was er will. Gerade die Rüden brauchen eine konsequente Erziehung, damit sie nicht das Zepter übernehmen.

GROSSE UND SCHWERE HUNDE wie der Berner Sennenhund haben im Wachstum besondere Ansprüche. Übermäßige und nicht angepasste Bewegung kann genauso wie nicht bedarfsgerechte Ernährung zu schwerwiegenden Folgeschäden am Skelett führen.

SPORTARTEN, mit vielen Sprüngen, die den Bewegungsapparat belasten, sind für den Berner nicht geeignet. Für erwachsene Hunde bietet sich das Ziehen von Wagen als Beschäftigung an.

BERNER SENNENHUND

Er sieht aus wie ein kleiner Bär. Und wenn er den Kopf schief legt und mit seinen Knopfaugen seinen treuen Blick auflegt, will man ihn einfach knuddeln. Doch der stattliche Vierbeiner ist kein Plüschteddy, dahinter steckt eine ordentliche Portion Hund.

Wie sein Name verrät, stammt der Hund mit dem sympathischen Äußeren aus dem Schweizer Kanton Bern, wo schon seine Vorfahren als Treib- und Bauernhunde gehalten wurden. Ihr Job war es, Haus und Hof zu bewachen, das Vieh zu treiben und Karren zu ziehen.

EIN HÄUSLICHER TYP

Dementsprechend sollte er „häuslich" sein und nicht streunen. Eigenschaften, die der Berner auch heute noch hat. Und so liebt er es, im Garten zu liegen und das Geschehen um ihn herum im Blick zu behalten. Dabei ist er wachsam, bellt jedoch nicht ohne triftigen Grund. Wer sich für einen Berner interessiert, sollte ihm daher einen Garten bieten können.

Trotzdem braucht er auch engen Familienanschluss, ist er seiner Familie doch anhänglich und loyal zugetan. Gute Sozialisation und konsequente Erziehung sind gerade bei einem so kräftigen Hund unerlässlich, damit er seine beste und gutmütige Seite zeigen kann, seine Menschen in der Führungsrolle akzeptiert und den Kindern ein geduldiger Spielgefährte ist – genau so, wie ein Berner Sennenhund das sein sollte.

Als junger Hund ist er äußerst agil und lebhaft. Auch erwachsen liebt er Spaziergänge und das Toben mit Hundefreunden, ist im Haus aber ein angenehmer Gefährte, der keine Dauerbespaßung einfordert.

Zuchthunde werden auf Hüftgelenksdysplasie, Ellenbogengelenksdysplasie und Maligne Hystiozytose (Krebserkrankung) untersucht, die Untersuchung auf Osteochondrosis dissecans (Störung der Skelettentwicklung) ist freiwillig. Da sich frühe Todesfälle und Krebserkrankungen häuften, versuchen die Vereine dagegenzusteuern, zum Beispiel mit Gentests auf Langlebigkeit. So sollte beim Hundekauf unbedingt auf einen verantwortungsvollen Züchter und das Lebensalter der Vorfahren geachtet werden. Das Fell ist einfach zu pflegen.

PINSCHER UND SCHNAUZER – MOLOSSER – SCHWEIZER SENNENHUNDE UND ANDERE RASSEN

Größe: 58–70 cm

Gewicht: 38–52 kg

Lebenserwartung: 8 Jahre +

Fell: lang, schlicht oder leicht gewellt

Farbe: schwarz mit braunrotem Brand über den Augen, an den Backen, allen vier Läufen und auf der Brust und weißen Abzeichen

Kaufpreis: 900–1 200 EUR

Erziehung: 3/5
Beschäftigung: 3/5
Bewegung: 3/5
Pflege: 2/5
Jagdverhalten: 2/5
Schutzverhalten: 3/5
Wachsamkeit: 4/5
Agility & Co.: 2/5
Eignung für Stadt: 2/5

HUNDERASSENPORTRÄT **BICHON À POIL FRISÉ**

BICHON À POIL FRISÉ

Über den kleinen fröhlichen Lockenhund gibt es nur Gutes zu berichten. Er passt sich seinem Zweibeiner in jeder Lebenssituation an und lässt ihn großzügig an seiner Lebensfreude teilhaben, ist dabei anhänglich, verschmust, verspielt und lernt mit Freude.

GESELLSCHAFTS- UND BEGLEITHUNDE

Größe: nicht über 30 cm

Gewicht: 4–8 kg

Lebenserwartung: 13 Jahre +

Fell: dünn, seidig und korkenzieherartig

Farbe: reines Weiß

Kaufpreis: 1 000–1 500 EUR

Erziehung: 🐾🐾🐾

Beschäftigung: 🐾🐾🐾

Bewegung: 🐾🐾🐾

Pflege: variiert je nach Haarlänge 🐾🐾🐾🐾

Jagdverhalten: 🐾🐾

Schutzverhalten: 🐾

Wachsamkeit: 🐾🐾🐾

Agility & Co.: 🐾🐾🐾

Eignung für Stadt: 🐾🐾🐾🐾🐾

Früher als „Teneriffa-Hündchen" bezeichnet, fügt er sich ein in der Riege der aus dem Mittelmeerraum stammenden Schoßhunde. Er kann auf eine lange Tradition als Gesellschaftshund zurückblicken und findet sich auf vielen alten Gemälden verewigt. Der Rassestandard wurde jedoch erst 1933 erstellt.

Seinem Job als Schoßhund ist der auch als Bichon frisé bezeichnete Hund treu geblieben, denn ganz nah bei seinem Menschen fühlt er sich richtig wohl. Ihn nur darauf zu reduzieren, würde dem lebhaften Lockenhund aber nicht gerecht. Er ist ein idealer Familienhund und ein prima Partner für viele Aktivitäten, ob beim Spaziergang, bei Sport und Spiel oder unterwegs als angenehmer Begleiter. Dabei ist er robuster, als er scheint – groben Umgang schätzt er aber gar nicht.

ER PASST SICH ÜBERALL AN
Sozialisation und Erziehung dürfen natürlich nicht fehlen, damit er sein offenes und lustiges Wesen entwickeln kann. Dabei bedarf es keiner Härte, denn er lässt sich gut über die Stimme führen, deutliche Worte können ihn sehr beeindrucken. Schwieriger ist es, ihm nicht zu viel durchgehen zu lassen, denn er schleicht sich in das Herz seiner Menschen und stellt sich feinfühlig auf sie ein, in der Familie mit rücksichtsvollen Kindern genauso wie bei jüngeren oder älteren Singles, auf dem Land oder in der Stadt.

Zuchthunde werden auf Patella-Luxation untersucht. Die Augen sollten freigeschnitten und täglich gepflegt werden. Bei jungen Hunden wird das Fell alle zwei Tage, bei älteren ein- bis zweimal pro Woche gebürstet. Etwa alle sechs Wochen wird die Haarpracht in Form geschnitten.

DAS IST *wirklich* WICHTIG

LERNEN ist ein Klacks für das clevere Hündchen. Hat es einmal Unfug angestellt, kann man ihm nicht lange böse sein. Denn es weiß auch ganz genau, wie es mit Charme, Witz und seinem kecken Blick gelingt, seinen Menschen zu bezirzen. Dabei konsequent zu bleiben, gelingt nicht immer.

DAS BEWEGUNGSBEDÜRFNIS des Bichon frisé ist durchschnittlich. Er liebt Spaziergänge und kann auch auf längeren Touren mithalten, gibt sich aber auch mal mit weniger zufrieden. Spielen steht bei ihm hoch im Kurs, mancher hat Spaß an Hundesport oder lernt gerne Tricks.

SCHMUSEFAKTOR Der kleine Lockenhund liebt es, gestreichelt zu werden oder einfach gemütlich mit seinem Menschen auf dem Sofa zu liegen.

DAS IST *wirklich* WICHTIG

MIT ARTGENOSSEN kommt der sozialisierte Border Terrier gut aus, die „Butter vom Brot" nehmen lässt er sich aber nicht. Er hat ein mutiges Herz, ist jedoch kein Halbstarker, der auf Streit aus ist. Gerne lebt er in Hundegesellschaft.

TERRIERTYPISCH ist der Border jagdlich motiviert. Sorgsame Erziehung und gutes Rückruftraining sind daher unerlässlich, damit Spaziergänge ohne Leine mit dem lebhaften Vierbeiner nicht in einem Jagdausflug enden. Stimmt der Gehorsam, klappt auch der Freilauf: bei der Wanderung, bei der Fahrradtour oder beim Ausritt.

AUSDAUERND und bewegungsfreudig ist er ein guter Gefährte für aktive Menschen, die gerne ausgedehnte Spaziergänge unternehmen. Zur Beschäftigung bieten sich jede Form von Nasenarbeit und Hundesport an.

BORDER TERRIER

Er ist ein charmanter Schlawiner, quirlig und aufgeschlossen. Konsequente und sportliche Menschen werden mit ihm einen anpassungsfähigen und anhänglichen Begleiter finden, zu dessen großartiger Persönlichkeit aber auch ein gewisses Maß an Eigenständigkeit gehört.

Seine Rasse wurde im Grenzgebiet von England und Schottland für die Jagd auf Fuchs, Dachs und Otter gezüchtet. Noch heute ist er vor allem in Großbritannien ein beliebter Jagdterrier, der zwar die für seine Arbeit nötige Raubzeugschärfe mitbringt, mit Artgenossen aber verträglich sein soll. Im jagdlichen Einsatz beweist er sich sowohl im Fuchsbau, im Wasser und als Begleiter am Pferd. Seine zweite Karriere hat er als Familienhund gemacht und bei Pferdefreunden ist er beliebt als Reitbegleithund.

LERNFREUDIGER ENTDECKER

Er ist liebenswürdig, fröhlich und lustig. Gute Sozialisierung ist bei einem Terrier immer unerlässlich, da ist der Border keine Ausnahme. Dann zeigt er sich sehr offen, gelehrig und ist mit seiner unermüdlichen Verspieltheit ein prima Kamerad für die Kinder. Ausgelastet ist er zu Hause ruhig, wachsam, aber kein Hund, der ohne Grund bellt. Wer Konsequenz, Geduld und Durchsetzungsfähigkeit besitzt, wird mit seiner Erziehung keine Mühe haben: Der Border ist clever und lernfreudig, jedoch kein Kandidat für blinden Gehorsam. Obwohl er ein kleiner Hund ist, dürfen seine Bewegungs- und Beschäftigungsfreude nicht unterschätzt werden. Einen Garten ohne Zaun wird er nicht als Begrenzung akzeptieren, sondern sich dann unverzagt aufmachen, die Gegend zu erkunden, denn für den neugierigen Border gibt es immer interessante Dinge zu entdecken.

Viele Border Terrier erreichen ein hohes Alter. Vereinzelt kann zum Beispiel Patella-Luxation auftreten. Das Fell braucht nicht viel Pflege, gelegentlich werden überstehende Haare ausgezupft, ein- bis zweimal im Jahr wird es getrimmt, ansonsten regelmäßig gebürstet. Laut Rassestandard muss der Brustkorb hinter den Schultern mit zwei Händen umspannt werden können.

TERRIER

Größe: ca. 32–38 cm

Gewicht: ca. 5–7 kg, auch darüber

Lebenserwartung: 12 Jahre +

Fell: harsch und dicht

Farbe: rot, weizenfarben, meliert und lohfarben, blau und lohfarben

Kaufpreis: ca. 1 000 EUR

Erziehung:	4
Beschäftigung:	4
Bewegung:	4
Pflege:	3
Jagdverhalten:	3
Schutzverhalten:	3
Wachsamkeit:	3
Agility & Co.:	4
Eignung für Stadt:	2

HUNDERASSENPORTRÄT **BOSTON TERRIER**

BOSTON TERRIER

Er strahlt Würde aus und kann albern sein. Er ist sportlich und schätzt Gemütlichkeit. Er ist tough, dann aber wieder zärtlich. Der Boston Terrier findet sich überall zurecht, ob auf dem Land oder in der Stadt – ein vielseitiger Hund für alle Fälle.

GESELLSCHAFTS- UND BEGLEITHUNDE

Größe: ca. 30–40 cm

Gewicht: drei Klassen: unter 6,8 kg –11,3 kg

Lebenserwartung: 10 Jahre +

Fell: kurz von feiner Textur

Farbe: gestromt, schwarz oder seal, jeweils mit weißen Abzeichen

Kaufpreis: 1 400 –1 600 EUR

Erziehung:

Beschäftigung:

Bewegung:

Pflege:

Jagdverhalten:

Schutzverhalten:

Wachsamkeit:

Agility & Co.:

Eignung für Stadt:

Gezüchtet wurde der amerikanische Vierbeiner aus Englischen Bulldoggen und weißen Englischen Terriern. Der erste Rasseclub wurde in Boston gegründet und war namensgebend für diese Ende des 19. Jahrhunderts anerkannte Rasse, die in drei Gewichtsklassen eingeteilt wird: unter 6,8 kg, 6,8 bis unter 9 kg, 9 bis maximal 11,3 kg.

VIELSEITIG UND FRÖHLICH

Der Boston Terrier ist ein fröhlicher Hund: lebhaft, lustig und voller Ideen. Mit ihm wird es seinem Menschen niemals langweilig. Hat er seine „fünf verrückten Minuten", flitzt der kleine Kerl in rasantem Tempo durch die Wohnung, den Garten oder über das Feld, und seine Lebensfreude ist dann überschäumend. Fällt der Spaziergang kürzer aus, kann er sich trotzdem ersatzweise auch einmal zu Hause auspowern. Hat er sich ausgetobt, gewinnt er ganz schnell seine Contenance zurück und zeigt sich als würdevoller, ruhiger Hausgenosse, der zwar wachsam ist und aufpasst, doch nicht unnötig bellt.

Er ist seinen Menschen ein sehr anhänglicher Partner, der viel Nähe und Zuwendung braucht. Als feinfühliger, intelligenter und aufgeschlossener Gefährte kann er sich gut auf seine Menschen und ihre Stimmungen einstellen und sich verschiedenen Lebensentwürfen anpassen. Kinder werden mit ihm viel Freude haben, kuscheln und spielen können – sofern er gut sozialisiert ist.

Zuchthunde werden auf Patella-Luxation untersucht, einige Züchter lassen auch erbliche Augenerkrankungen abklären. Gelegentlich können Probleme mit Keilwirbeln oder wegen der Rundköpfigkeit auftreten. Die Rute ist natürlich kurz, darf aber nicht gänzlich fehlen. Das kurze Fell ist pflegeleicht.

DAS IST *wirklich* WICHTIG

NÄHE zu seinen Menschen ist ihm das Wichtigste, am liebsten will er immer mit ihnen zusammen sein. Unterwegs zeigt er sich gut erzogen. Seine handliche Größe ist ein weiteres Plus für den unternehmungslustigen Zweibeiner.

LERNEN fällt dem Boston Terrier leicht. Sein Temperament und seine Lebhaftigkeit in geordnete Bahnen zu lenken, kann bei diesem selbstbewussten Hund schon mal zur Herausforderung werden. Den Kampf ums Sofa hat er nicht nur einmal gewonnen.

BEWEGUNGSFREUDE Er ist ein sportlicher Hund, der Bewegung schätzt und Beschäftigung braucht. Geht es einmal ruhiger zu oder fällt der Spaziergang kürzer aus, toleriert er das aber ohne zu murren, und passt sich seinen Menschen an.

DAS IST *wirklich* WICHTIG

WER SCHON EINMAL eine Leine mit einem ziehenden Boxer am anderen Ende in der Hand hatte, der weiß, dass da enorm viel Kraft dahintersteckt. Der Besitzer sollte in der Lage sein, den kraftvollen Hund auch in unvorhergesehenen Situationen sicher festzuhalten.

DIE ERZIEHUNG muss bei einem so temperamentvollen und kräftigen Hund sehr sorgfältig sein. Strikte Konsequenz und souveräne Führung sind unerlässlich, Härte ist jedoch fehl am Platz. Wer seinen Boxer richtig motiviert, hat einen zuverlässigen Gefährten an seiner Seite.

AUSREICHENDE BESCHÄFTIGUNG und Bewegung sind wichtig, damit seine reichlich vorhandene Energie ein Ventil hat. Neben Hundesport bieten sich da allerlei Suchaufgaben wie Fährtenarbeit an. Im Wachstum muss die Bewegung der Größe entsprechend wohldosiert sein.

BOXER

Der Boxer ist ein Vierbeiner mit vielen Talenten: temperamentvoll, verspielt und ein Kraftpaket. In der Familie gilt er als freundlich und geduldig. Er ist sehr anhänglich und ein loyaler Gefährte, der Haus, Grundstück und seine Menschen beschützt.

Die Vorfahren des Boxers waren die kleinen „Bären- oder Bullenbeißer": Sie packten das gehetzte Wild wie Bären und Wildschweine und hielten es fest. Dank des breiten Mauls konnten die Hunde dabei Luft holen, ohne das gepackte Tier loslassen zu müssen. Später wussten Metzger und Viehhändler ihre Fähigkeiten beim Schlachtvieh einzusetzen. Seit 1924 gehört der Boxer offiziell zu den Diensthunderassen, der für Polizei und andere Behörden gearbeitet hat. Heute ist er ein beliebter Familienhund, der sein Schutzverhalten häufig auf dem Hundeplatz beweist.

LEBHAFT UND LUSTIG

Ein Mangel an Temperament ist laut Rassestandard ein Fehler – auf entsprechende Power sollten sich künftige Boxerhalter einstellen, ganz besonders beim jungen Hund. Und so kann es auch schon einmal zur Sache gehen, wenn ein Boxer richtig tobt. Spielerisches und körperbetontes Raufen gehören dazu.

Lernen fällt dem Boxer leicht, doch manchmal kann er auch auf seinen Anliegen beharren. Da muss der Halter liebevoll, aber verbindlich seine Linie einhalten – der Anblick der Stupsnase und treuen Augen stellen die Konsequenz aber oft genug auf die Probe. Gute Sozialisation und Erziehung sind wichtig, damit der stämmige Hund lernt, sich in seinem Übermut lenken zu lassen und sich zurückzunehmen, wenn es angebracht ist. Kinder werden dann in ihm einen albernen und geduldigen Gefährten haben. Doch auch der gutmütigste Hund sollte – wenn ihm danach ist – die Gelegenheit zum Rückzug haben und den Kindern nicht „frei zur Verfügung" stehen müssen. Der Boxer vergisst nichts: Wen er einmal liebt, den liebt er fürs Leben. Umgekehrt gilt das auch für Menschen, die er nicht mag.

Zuchthunde werden auf Herzerkrankungen, Spondylose (Wirbelsäulenerkrankung) und je nach Verein auf Hüftgelenksdysplasie untersucht. Das Kupieren von Ohren und Rute ist beim Boxer in Deutschland verboten. Das kurze Fell ist pflegeleicht.

MOLOSSER UND DOGGENARTIGE HUNDE. MIT ARBEITSPRÜFUNG.

Größe: 53–63 cm

Gewicht: ca. 24–35 kg

Lebenserwartung: 10 Jahre +

Fell: kurz, hart und anliegend

Farbe: gelb oder gestromt, auch mit weißen Abzeichen

Kaufpreis: 1 000–1 500 EUR

Erziehung:	4/5
Beschäftigung:	4/5
Bewegung:	3/5
Pflege:	1/5
Jagdverhalten:	3/5
Schutzverhalten:	5/5
Wachsamkeit:	5/5
Agility & Co.:	3/5
Eignung für Stadt:	3/5

HUNDERASSENPORTRÄT **CAIRN TERRIER**

CAIRN TERRIER

Wieselflink ist der kleine Terrier, dazu unermüdlich und scheinbar immer fröhlich. Da passt sein verwegenes Aussehen, wie ein Naturbursche auf kurzen Beinen und mit kessem Blick. Er ist ein prima Begleiter, solange seine Jagdpassion im Zaum gehalten wird und er seine Grenzen akzeptiert.

TERRIER

Größe: 28–31 cm

Gewicht: 6–7,5 kg

Lebenserwartung: 12 Jahre +

Fell: wetterfest und harsches Deckhaar mit dichter, kurzer Unterwolle

Farbe: cremefarben, weizenfarben, rot, grau oder fast schwarz

Kaufpreis: 900–1 000 EUR

Erziehung: ▲▲▲▲▲

Beschäftigung: ▲▲▲▲▲

Bewegung: ▲▲▲▲▲

Pflege: ▲▲▲▲▲

Jagdverhalten: ▲▲▲▲▲

Schutzverhalten: ▲▲▲▲▲

Wachsamkeit: ▲▲▲▲▲

Agility & Co.: ▲▲▲▲▲

Eignung für Stadt: ▲▲▲▲▲

Der ursprüngliche Vierbeiner aus Schottland wurde dazu eingesetzt, in den Geröllhaufen des felsigen Hochlands Otter, Füchse und Dachse zu fangen und zu töten. Von diesen Steinhaufen hat er seinen Namen, zudem soll seine Fellfarbe diesen ähneln. Daher hat er seine Raubzeugschärfe, die auch beim Familienhund nicht verloren gegangen ist.

LUSTIGER TYP MIT VIEL PERSÖNLICHKEIT

Und so schlägt in seiner Brust ganz terrierlike ein kleines Löwenherz. Der Cairn ist mutig und furchtlos, wenn es darauf ankommt, in der Regel jedoch nicht „auf Krawall gebürstet". Er ist sehr wachsam, aber kein Kläffer. Sorgsame Sozialisation ist trotzdem wichtig, damit Begegnungen mit Artgenossen stressfrei verlaufen und kecke Burschen nicht allzu oft den Macho rauskehren.

Der Cairn Terrier lernt schnell und weiß, was seine Menschen von ihm wollen. Ob er das auch immer umsetzt, steht auf einem anderen Blatt. Kontrollierter Freilauf kann da zur Herausforderung werden. Wer einen Terrier als seinen tierischen Gefährten erwählt, muss schon ein Faible für Hunde mit starker Persönlichkeit haben, die durchaus versuchen, ihren eigenen Kopf durchzusetzen – der künftige Halter sollte ebenso gestrickt sein und sich durchzusetzen wissen. Hundgerecht angeleitet, lernt er trotzdem mit Spaß. Seinen Menschen ist der freiheitsliebende Hund ein treuer Freund und den Kindern – entsprechend sozialisiert – ein guter Spielkamerad, der für jeden Unfug zu haben ist.

Der Cairn Terrier ist eine robuste und langlebige Rasse. Zuchthunde werden auf Patella-Luxation untersucht, Dispositionen gibt es für Craniomandibuläre Osteopathie (Erkrankung des Unterkiefers) und Augenerkrankungen. Das Fell ist pflegeleicht, abgestorbene Haare werden alle acht bis zwölf Wochen ausgezupft.

DAS IST *wirklich* WICHTIG

WIE EIN QUIRL rennt er rasant und ausdauernd über die Wiesen, die Nase am Boden. Ausreichend beschäftigt, quengelt er im Haus nicht nach Unterhaltung, sondern kann es auch ruhig angehen lassen. Nasenarbeit, Apportieren und rückenschonender Sport sind genau richtig für ihn.

SELBSTSTÄNDIG arbeitende Hunde werden nie an Frauchens Rockzipfel hängen. So auch der Cairn Terrier, der seine Eigenständigkeit nicht aufgibt. Damit seine Abenteuerlust nicht überhandnimmt, braucht es eine gute Bindung zum Menschen und frühzeitiges Rückruftraining.

ZIELBEWUSST verfolgt der Cairn Terrier seine Anliegen. In Kombination mit seiner guten Auffassungsgabe erfordert das Konsequenz und Durchsetzungsvermögen bei der Erziehung und Führung, aber keine Harte.

DAS IST *wirklich* WICHTIG

DER GESUNDE CAVALIER ist ein ausdauernder und robuster Hund, vor allem in jungem Alter auch temperamentvoll und aktiv. Er findet sich im ruhigen Haushalt ein, kommt aber auch gut damit klar, wenn es turbulent zugeht, und fühlt sich auf dem Land und bei genug Bewegung auch in der kleinen Wohnung wohl.

DER CAVALIER kann und will meist auch mehr, als nur auf dem Sofa zu liegen. Er liebt ausgedehnte Spaziergänge, gibt sich aber auch mal mit einem Spiel und einer Toberei zufrieden. Zur Beschäftigung bieten sich Nasenarbeit, Hundesport und Tricks an.

SEINE NASE weiß der kleine Spaniel noch zu gebrauchen. Einige Rassevertreter haben auch heute noch große Freude am Stöbern, daher sollte der zuverlässige Freilauf gut eingeübt werden.

CAVALIER KING CHARLES SPANIEL

Sein Name ist Programm: Der Charmeoffensive eines Cavaliers zu widerstehen, ist ein Ding der Unmöglichkeit – mit seiner Freundlichkeit und seinen sanften Augen kann er fast jedes Menschenherz für sich gewinnen. Er ist ein prima Familienhund für fast alle Fälle.

Der kleine Spaniel ist eine alte Rasse aus England, die vermutlich auf Stöberhunde aus Spanien und Frankreich zurückgeht. Schon im Mittelalter waren sie beliebte Gesellschaftshunde des Adels und der Aristokratie und so verdanken die King Charles Spaniels ihren Namen den gleichnamigen englischen Königen. War Anfang des 20. Jahrhunderts der kurznasige Typ populärer, ist es dem Engagement eines Amerikaners zu verdanken, dass Hunde mit längerer Nase wieder mehr Beachtung fanden und schließlich mit dem Namenszusatz „Cavalier" als eigene Rasse gesehen wurden.

LIEBENSWERT UND FRÖHLICH

Schmusen, Kuscheln und Spielen stehen ganz oben auf seiner Hitliste und am liebsten ist der kleine Spaniel immer mit seinen Menschen zusammen. Er ist ein sehr einfühlsamer Gefährte, der sich feinsinnig auf die Stimmungen seiner Leute einstellen kann. Die Erziehung und Führung sollte ebenso sein, darf die nötige Konsequenz aber nicht missen lassen, denn der clevere Hund weiß Lücken und Ausnahmen charmant zu seinem Vorteil zu nutzen. Gut sozialisiert ist er anhänglich, freundlich, unternehmungslustig, ein guter Spielkamerad für Kinder und verträglich mit Artgenossen.

Zuchthunde werden auf Patella-Luxation und Herzerkrankungen untersucht sowie je nach Verein auf Episodic Falling (neurologische Erkrankung mit erhöhter Muskelspannung) und Dry Eye Curly Coat Syndrom (Gendefekt u.a. mit Hautproblemen und trockenen Augen) getestet. Eine MRT-Untersuchung auf die bei dieser Rasse gehäuft vorkommenden neurologischen Erkrankungen Syringomyelie, Arnold-Chiari-Malformation ist freiwillig bzw. je nach Verein und Zuchtlevel vorgeschrieben, genau wie die Untersuchung auf Hüftgelenksdysplasie. Die Wahl eines seriösen Züchters, der seine Hunde umfassend auf die disponierten Krankheiten untersuchen lässt, ist beim Cavalier sehr wichtig. Zur täglichen Pflege gehören Bürsten und Kämmen sowie die Kontrolle der Augen.

GESELLSCHAFTS- UND BEGLEITHUNDE

Größe: ca. 28–35 cm

Gewicht: ca. 5,5–8 kg

Lebenserwartung: 10 Jahre +

Fell: lang und seidig, glatt oder leicht gewellt

Farbe: schwarz mit loh, tiefrot, weiß mit kastanienroten Abzeichen, tricolour

Kaufpreis: 1 400–1 600 EUR

Erziehung: 🐕🐕🐕

Beschäftigung: 🐕🐕🐕

Bewegung: 🐕🐕🐕

Pflege: 🐕🐕🐕

Jagdverhalten: 🐕🐕

Schutzverhalten: 🐕

Wachsamkeit: 🐕🐕🐕

Agility & Co.: 🐕🐕🐕🐕

Eignung für Stadt: 🐕🐕🐕🐕🐕

HUNDERASSENPORTRÄT **CHIHUAHUA**

CHIHUAHUA

Er ist ganz offiziell der kleinste Hund der Welt. Wer keinen Chihuahua kennt, hat oft nur ein mildes Lächeln für ihn übrig. Doch wer genauer hinschaut und sich mit ihm beschäftigt, entdeckt eine Persönlichkeit, deren Größe weit über ihre Erscheinung hinausgeht.

Der Minihund ist keine Handtaschen-Designerzüchtung des 21. Jahrhunderts, sondern eine alte Rasse aus Mexiko, um deren Ursprung sich viele Legenden ranken. Manche sehen in ihm den wild lebenden Hund, der von den Tolteken gezähmt und geopfert wurde, andere vermuten seine Herkunft in Südeuropa oder in Ägypten. Populär wurde der kleine Vierbeiner, als er von Touristen entdeckt und in Amerika weitergezüchtet wurde.

SCHOSSHUND UND MEHR

Er genießt es, ganz nah bei seinem Menschen zu sein, mit ihm zu kuscheln und auf seinem Schoß zu liegen. Doch ein verantwortungsbewusst gezüchteter und aufgezogener Chihuahua ist mehr als ein Schoßhund: Er ist klug, lebhaft, wachsam, bellfreudig und mutig – manchmal bringt er sich sogar dreist vor viel größeren Artgenossen in Stellung und verbellt sie entschlossen mit seiner hohen Stimme. Im wilden Spiel mit größeren Hunden besteht für den zierlichen Hund erhöhte Verletzungsgefahr.

Und so sollte der Chihuahuahalter frühzeitig auf die gute Sozialisation seines Hundes bedacht sein und auch erzieherisch darauf einwirken, dass er Grenzen akzeptiert und seine Stimme maßvoll einsetzt. Denn sonst können Hundebegegnungen anstrengend werden – und schließlich soll der Kleine die Welt nicht nur vom Arm seines Menschen erleben dürfen.

Obwohl der Chihuahua bei längeren Touren mithalten kann, gibt er sich auch mit kürzeren Spaziergängen zufrieden, wenn er sich zusätzlich in Haus und Garten austoben kann und dort Abwechslung bekommt. Das macht ihn zu einem guten Gefährten für ältere Menschen oder solche, die nicht so gut zu Fuß sind.

Die Fellpflege ist einfach. Zuchthunde müssen ein Mindestgewicht von 2 kg haben und werden auf Patella-Luxation untersucht. Eine offene Fontanelle kann auftreten, häufiger bei Hunden unter 2 kg. In VDH-Zuchten gibt es je nach Verein bezüglich der Fontanelle unterschiedliche Regeln.

GESELLSCHAFTS- UND BEGLEITHUNDE

Größe: ca. 18 – 22 cm

Gewicht: 1,5 – 3 kg

Lebenserwartung: 12 Jahre +

Fell: seidiges Langhaar mit wenig Unterwolle oder kurzhaarig

Farbe: alle Farben außer merle

Kaufpreis: ab 1 200 EUR

Erziehung: 🐾🐾🐾

Beschäftigung: 🐾🐾🐾

Bewegung: 🐾🐾

Pflege: 🐾🐾

Jagdverhalten: 🐾

Schutzverhalten: 🐾

Wachsamkeit: 🐾🐾🐾🐾

Agility & Co.: 🐾🐾🐾

Eignung für Stadt: 🐾🐾🐾🐾🐾

[A]

[B]

DAS IST *wirklich* WICHTIG

DER CHIHUAHUA ist ein cleverer Hund. Richtig motiviert, lernt er mit Freude und Eifer und steht den großen Artgenossen in nichts nach. Warum also dieses Talent vergeuden? Ob Tricks, Dog Dancing, Mini-Agility oder Suchspiele – lassen Sie den Kleinen beweisen, was er alles kann!

„TEACUP"-HUNDE, die in eine Teetasse passen, sind aktuell schick. Doch Extreme in der Hundezucht gehen immer zulasten der Gesundheit und Langlebigkeit. Am robustesten sind Chihuahuas, die ab 2 kg wiegen und aus einer verantwortungsvollen Zucht stammen.

DIE MINIS sind echte Hunde, eben klein „verpackt". Und so brauchen sie auch all das, was zum richtigen Hundeleben dazugehört: Sozialisation, Führung, Hundefreunde, Bewegung und Beschäftigung.

[C]

Zwei erwachsene Kurzhaar-Chihuahuas [A]
Lang- und Kurzhaar-Welpe [B]
Erwachsener Langhaar-Chihuahua [C]

DAS IST *wirklich* WICHTIG

FREILAUF ist mit diesem menschenbezogenen, folgsamen Hund eine entspannte Angelegenheit. Mit entsprechender Bindung wird er immer bemüht sein, seine Menschen nicht aus den Augen zu verlieren.

INTELLIGENZ Collies sind überaus intelligent, und es ist eine wahre Freude, mit ihnen zu üben und zu arbeiten. Ihre Sensibilität erfordert feinfühlige Erziehung. Die nötige Konsequenz sorgt dafür, dass Erziehungslücken nicht ausnutzt werden.

BESCHÄFTIGUNG Arbeitslos will ein Hütehund nicht sein, dann kommt er auf dumme Gedanken – ausreichend Bewegung und Beschäftigung sind ein Muss. Die Möglichkeiten sind vielfältig, von Hundesport über Obedience bis zu Nasen- und Hütearbeit und einem Job als Rettungshund.

Langhaar-Collie [A]
Kurzhaar-Collie-Welpe [B]
Erwachsener Kurzhaar-Collie [C]

[A]

[B]

[C]

HUNDERASSENPORTRÄT **COLLIE, LANG- UND KURZHAAR**

COLLIE, LANG- UND KURZHAAR

Bei „Collie" denkt jeder sofort an den attraktiven Hütehund mit seinem edlen Gesicht und der langen, üppigen Haarpracht. Weniger bekannt ist sein Vetter mit dem kurzen Fell. Beide Rassen sind gute und sportliche Familienhunde, die engen Anschluss an ihre Menschen suchen.

Der Collie ist ein alter schottischer Schäferhund in einer langhaarigen und einer kurzhaarigen Rasse. Er war unentbehrlicher Helfer der Farmer und Schäfer, vorwiegend um ihre Rinder oder halbwilden Schafe im rauen Gelände Schottlands zusammenzuhalten und alle anderen Aufgaben eines Hofhundes zu erfüllen. Den schmalen, edlen Kopf und seine schlanke Figur verdankt er der Einkreuzung von Windhunden. Ende des 19. Jahrhundert wurde der langhaarige Collie zunehmend als Familienhund und eleganter Begleithund populär, später trugen die Lassie-Filme ihr Übriges dazu, dass er zum Modehund avancierte. Der kurzhaarige Collie blieb immer der robuste Arbeitshund und erfreut sich heute zunehmender Beliebtheit.

UNKOMPLIZIERTER FAMILIENHUND
Beide Rassen sind vielseitig, anpassungsfähig, lebhaft und ausdauernd. Sie ordnen sich gern in ihre Familie ein, ohne große Herausforderungen zu stellen. Was sie brauchen, sind sportliche und einfühlsame Menschen, die ihnen viel liebevolle Zuwendung sowie ausreichend Bewegung und Beschäftigung bieten können. Feinfühlig stellen sie sich auf die Stimmungen ihrer Zweibeiner ein, geht es unharmonisch zu, leiden sie. Verspielt und fröhlich ist der gut sozialisierte Collie bester Kumpel der Kinder. Das Image des immer gutmütigen Hundes wird dabei aber leider allzu oft überstrapaziert; auch ein Collie hat Bedürfnisse und braucht seine Rückzugsmöglichkeiten.

Beide Rassen werden auf Hüftgelenksdysplasie und Augenerkrankungen untersucht sowie auf MDR1-Defekt (führt zu gefährlicher Überempfindlichkeit auf bestimmte Arzneistoffe) getestet. Der Langhaar-Collie sollte alle ein oder zwei Wochen gründlich gebürstet und gekämmt werden. Der kurzhaarige Collie kann stark haaren, gerade im Fellwechsel hilft häufiges Bürsten, dies in Maßen zu halten.

HÜTE- UND TREIBHUNDE, AUSGENOMMEN SCHWEIZER SENNENHUNDE

Größe: 51–61 cm

Gewicht: ca. 18–30 kg

Lebenserwartung: 12 Jahre +

Fell: Langhaar: lang und dicht mit glattem, hartem Deckhaar und weicher, pelziger Unterwolle, Kurzhaar: kurz und flach mit hartem Deckhaar und dichter Unterwolle

Farbe: zobel, tricolour, blue-merle mit weißen Abzeichen

Kaufpreis: ab ca. 900 EUR

Erziehung: 🐕🐕

Beschäftigung:
Langhaar 🐕🐕🐕
Kurzhaar 🐕🐕🐕🐕

Bewegung: 🐕🐕🐕🐕

Pflege:
Langhaar 🐕🐕🐕
Kurzhaar 🐕🐕🐕

Jagdverhalten: 🐕

Schutzverhalten: 🐕🐕🐕

Wachsamkeit: 🐕🐕🐕🐕

Agility & Co.: 🐕🐕🐕🐕🐕

Eignung für Stadt: 🐕🐕

HUNDERASSENPORTRÄT **DACKEL, TECKEL, DACHSHUND**

DACKEL, TECKEL, DACHSHUND

DACHSHUNDE

Brustumfang: Dackel (Standard) über 35 cm, Zwergdackel über 30 bis 35 cm, Kaninchendackel bis 30 cm

Gewicht: Dackel (Standard) maximal gewünscht 10 kg, Zwergdackel etwa bis 5,5 kg, Kaninchendackel etwa bis maximal 4 kg

Lebenserwartung: 13 Jahre +

Fell: kurzhaarig, rauhaarig und langhaarig

Farbe: einfarbig rot, rotgelb oder gelb; zweifarbig schwarz oder braun, jeweils mit Abzeichen, dazu gehört auch „saufarben" bei rauhaarigen Dackeln; getigert; dunkle Stromung

Kaufpreis: 650–1 000 EUR (auch darüber und darunter)

Erziehung:

Beschäftigung:

Bewegung:

Pflege:
Kurzhaar
Lang- und Rauhaar

Jagdverhalten:

Schutzverhalten:

Wachsamkeit:

Agility & Co.:

Eignung für Stadt:

Durchschnitt sieht anders aus. Die Nummer zwei der beliebtesten Rassen bietet erstaunlich viel Hund „in kleiner Verpackung", ist äußerst liebenswert, lustig, anpassungsfähig und vielseitig. Es gibt neun Dackelrassen: Kurz-, Lang- und Rauhaar jeweils in drei Größen.

Der kleinste Jagdgebrauchshund beweist sich auch heute bei der Nachsuche von Wild, beim Stöbern, der Fährtensuche und im Fuchs- oder Dachsbau, wo er auf sich allein gestellt wehrhaften Gegnern gegenübertritt. Sein Ursprung geht bis ins Mittelalter zurück. Abstammend von kurzbeinigen Bracken, wurde zuerst der Kurzhaardackel gezüchtet, dann durch Einkreuzung von Wachtelhunden, Spaniels und Settern der Langhaar- und erst danach der Rauhaardackel, woran auch Terrier beteiligt waren.

FURCHTLOS UND EIGENSTÄNDIG
Sein Job verlangt einen kernigen Hund, der weiß, was er will, und furchtlos, selbstständig, hartnäckig und leidenschaftlich ist. Diese Charakterzüge sind meist sehr ausgeprägt, insbesondere bei Hunden aus jagdlichen Leistungszuchten. Zuverlässiger Freilauf ist nicht immer möglich.

Als Familienhund kann der Dackel viele Vorzüge aufweisen. Voraussetzung: Sozialisation, Führung, Erziehung und Beschäftigung stimmen. Dann ist er seinen Menschen innig zugetan und ein prima Kinderkumpel. Draußen robust, ist er zu Hause nicht selten ein zärtlicher Schmuser, der Bequemlichkeit schätzt und ohne Probleme von Übermut zu Weltschmerz übergehen kann, um danach albern seine Spielzeuge vorzuholen. Er hat eine ausgeprägte Persönlichkeit, die seine Menschen wertschätzen sollten. Bekommt er ausreichend Beschäftigung – am besten Nasenarbeit und Nähe zur Natur, kann er sich mit einem Leben in der Stadt arrangieren.

Wegen der anfälligen Bandscheiben sollte auf häufiges Treppensteigen und den Rücken belastende Sportarten verzichtet werden. Selten treten Harnsteine, Epilepsie und Hormonsystemerkrankungen auf. Dafür ist die Pflege einfach: Kurz- und Langhaardackel werden regelmäßig gebürstet, viele Rauhaardackel getrimmt.

DAS IST *wirklich* WICHTIG

DER DACKEL ist clever und lernt schnell. Doch nicht immer das, was er soll. Und er setzt seine Cleverness, sein schauspielerisches Talent und seinen herzerweichenden Dackelblick ein, um seinen Zweibeiner zu manipulieren.

DIE KUNST der Dackelerziehung ist es, sich möglichst selten austricksen zu lassen und eine konsequente Linie einzuhalten. Das alles sehr verbindlich, aber trotzdem liebevoll, geduldig und mit einer Prise Humor.

DIE NASE die meiste Zeit am Boden, ist zuverlässiger Freilauf wegen der oft großen Jagdleidenschaft nicht immer möglich.

Rauhaardackel [A] Kurzhaardackel [B] Zwerg-Langhaardackel [C]

Dalmatierwelpe weiß-schwarz [A]
Dalmatiner weiß-braun [B]
Dalmatinerwelpen weiß-schwarz [C]

DAS IST *wirklich* WICHTIG

DER SENSIBLE und intelligente Vierbeiner braucht einen verbindlichen Rahmen, der ihm konsequent vermittelt wird. Der Halter muss durchsetzungsfähig sein, darf aber nicht zu viel Druck ausüben, sonst kann der Dalmatiner auch stur sein. Die Position in der Familie muss klar definiert sein, damit er sich einordnet.

DIE ENERGIE dieses Laufhundes ist scheinbar unermüdlich, kurze Gassigänge lasten ihn nicht aus. Und so braucht er viel Bewegung, Freilauf und zusätzlich Beschäftigung mit Hundesport oder Sucharbeit.

FREILAUF ist gut möglich. Seine Neugier und sein Temperament müssen aber im Rahmen gehalten werden. Manche Dalmatiner haben kaum, andere sehr ausgeprägtes Jagdverhalten.

HUNDERASSENPORTRÄT **DALMATINER**

DALMATINER

Seine Punkte machen ihn unverwechselbar und einzigartig, sein Temperament, seine Power und seine Lebenslust faszinieren. Er ist ein guter Begleiter für sportliche Menschen, die einen selbstbewussten Hund suchen und ihm souveräne Führung bieten können.

Seinen Namen hat er von der kroatischen Provinz Dalmatien, als Herkunftsland gilt denn auch Kroatien. Wo genau der Ursprung dieser alten Rasse liegt, ist jedoch unbekannt. Bekannter wurde er aber als Kutschenhund, der diese ausdauernd begleitete und für deren Schutz er sorgte. Heute ist er ein beliebter Familienhund, der durch Film und Fernsehen weltweit populär wurde.

POWERPAKET MIT HUMOR

Der Dalmatiner ist ein kraftvoller, lauffreudiger und lebhafter Hund. Allesamt gute Eigenschaften, die aber nicht unterschätzt werden dürfen. Ausgelastet und gut sozialisiert zeigt er sich als freundlicher, fröhlicher und robuster Familienhund, der oft Unsinn im Kopf hat und seinen Menschen sehr zugetan ist. Im Haus ist er dann ruhig, aber stets wachsam. Aggressiv soll er nicht sein, zu beschützen und verteidigen ist ihm aber auch nicht fremd. Mit guter Erziehung ist er ein angenehmer Begleiter, für den es das Größte ist, immer bei seinen Menschen und mit ihnen unterwegs zu sein.

Dalmatiner sind bekannt für ihr Lachen, dabei ziehen sie die Lefzen mit gebleckten Zähnen zu einem breiten Grinsen hoch. Geboren werden sie weiß, die ersten Punkte kommen in der zweiten Woche. Bis es sich ausgepunktet hat, können zwei Jahre vergehen. Erwachsen sind sie oft erst mit drei Jahren. Gerade die ersten beiden Lebensjahre sind für die Erziehung besonders wichtig.

Zuchthunde werden auf Taubheit und Hüftgelenksdysplasie untersucht, weitere Krankheitsdispositionen bestehen für Blasen- und Nierensteine, Allergien und Hautprobleme. Die Fellpflege ist einfach, jedoch haart der Dalmatiner das ganze Jahr über. Die kurzen und harten Haare gehen eine hartnäckige Beziehung mit Textilien aller Art ein. Häufiges Bürsten kann das kanalisieren.

LAUFHUNDE, SCHWEISSHUNDE UND VERWANDTE RASSEN

Größe: 54–62 cm

Gewicht: 24–32 kg

Lebenserwartung: 10 Jahre +

Fell: kurz, hart und dicht und glänzend

Farbe: weiße Grundfarbe mit schwarzen oder braunen Tupfen

Kaufpreis: 1 000–1 600 EUR

Erziehung:

Beschäftigung:

Bewegung:

Pflege:

Jagdverhalten:

Schutzverhalten:

Wachsamkeit:

Agility & Co.:

Eignung für Stadt:

ELO®

Er ist einer der Newcomer unter den Hunderassen und wurde mit dem Ziel gezüchtet, ein idealer Vierbeiner für die Familie zu sein. Punkten soll er unter anderem durch sein familientaugliches Wesen, ein mittleres Bewegungsbedürfnis und kaum vorhandenes Jagdverhalten.

Der Startschuss für die Elo®-Zucht fiel 1987. Aus Bobtail, Chow-Chow und Eurasier wurde eine neue Rasse kreiert, deren Name inzwischen markenrechtlich geschützt ist. Schon einige Jahre darauf wurde dieses Vorhaben auch für den Klein-Elo® in Angriff genommen, der auf Pekingese, Kleinspitz, Elo® und Japanspitz zurückgeht. Da nach einiger Zeit Inzucht auftrat, werden immer wieder einmal die Ausgangsrassen eingekreuzt, vorwiegend Eurasier und Kleinspitz, um diesem Problem zu begegnen.

EIN COOLER TYP

Wer einem Elo® begegnet, findet ihn einfach nett. Das kecke Gesicht mit den Stehohren und das puschelige Fell wecken das Verlangen, ihn zu knuddeln, doch Fremden gegenüber zeigt der selbstbewusste Vierbeiner sich oft uninteressiert. Insgesamt ist ein Elo® ein cooler Typ, der sein Ding macht. Trotzdem lässt er sich gern auf ein Spiel mit seinen Menschen oder Artgenossen ein, wird jedoch selten Gefallen daran finden, stundenlang einem Ball hinterherzujagen.

Jagdpassion ist unerwünscht, die meisten Elos® halten sich auch daran oder zeigen sie nur gering ausgeprägt. Wachsamkeit gehört dagegen zur Rasse dazu, dabei sollen die Hunde aber keine Kläffer sein, genauso wenig sollen sie Aggression, Unverträglichkeit, Nervosität oder hohe Empfindlichkeit bei Geräuschen oder optischen Reizen zeigen.

Zur Zucht eingesetzte Elos® werden auf Hüftgelenkdysplasie, Patella-Luxation und Augenerkrankungen (Glaukom, Distichiasis) untersucht, zur vererbbaren Epilepsie soll ein Gentest entwickelt werden. Der kurzhaarige Elo® ist pflegeleichter als der rauhaarige.

KEINE OFFIZIELLE RASSEANERKENNUNG

Größe: 46–60 cm, Klein-Elo 35–45 cm

Gewicht: 16–35 kg, 8–15 kg

Lebenserwartung: 12 Jahre +

Fell: glatt und rau

Farbe: alle Farben

Kaufpreis: 850–1000 EUR

Erziehung: 🐕🐕🐕

Beschäftigung: 🐕🐕🐕

Bewegung: 🐕🐕🐕

Pflege: 🐕🐕🐕

Jagdverhalten: 🐕🐕

Schutzverhalten: 🐕🐕

Wachsamkeit: 🐕🐕🐕🐕

Agility & Co.: 🐕🐕🐕

Eignung für Stadt: 🐕🐕🐕

DAS IST *wirklich* WICHTIG

LERNEN fällt dem Elo® leicht. „Kadavergehorsam" ist ihm aber fremd, da er stets eine gewisse Eigenständigkeit bewahrt. Das passt zu den Ausgangsrassen, die vom Grundcharakter her selbstbewusste und autarke Typen sind. Mit entsprechender Erziehung und verbindlicher Führung ist er ein guter Begleithund.

KINDERFREUNDLICHKEIT gehört zur Rassebeschreibung. Der typische Elo® bietet da mit seiner Gelassenheit die besten Voraussetzungen. Unerlässlich ist dafür aber auch eine gute Sozialisierung und ein Miteinander von Kind und Hund, das Regeln für beide Seiten vorsieht.

DAS BESCHÄFTIGUNGSBEDÜRFNIS des Elos® lässt sich gut in den Alltag integrieren. Er ist zwar ein sportlicher, spielfreudiger und ausdauernder Vierbeiner, er fordert aber keine Dauerbespaßung ein.

Elo® rauhaarig [A + B]
Elo® glatthaarig [C]

DAS IST *wirklich* WICHTIG

DER HÜBSCHE SPANIEL neigt manchmal zur Eigenwilligkeit. Und da er gerne stöbern geht, kann das Rückruftraining zur Herausforderung werden. Einfühlsamkeit, Souveränität und Konsequenz sind die Schlüssel zum gehorsamen Cocker. Bei Härte hingegen verweigert er sich und verliert das Vertrauen in seinen Menschen.

SEINER CHARMEOFFENSIVE mit herzerweichendem Blick ist nur schwer zu widerstehen. Und so gelingt dem Cocker immer wieder nonchalant zu bekommen, was er will. Da sind Hundehalter gefragt, die eine klare Linie einhalten, aber trotzdem Geduld haben.

BEWEGUNGSFREUDE gehört zum Cocker dazu, auch geistig will er ausgelastet werden. Am besten bieten sich dazu ausgedehnte Spaziergänge, Apportiertraining und Nasenarbeit wie Mantrailing an, auch im Hundesport ist er top.

ENGLISH COCKER SPANIEL

Sein Blick verheißt einen Hauch von Melancholie, seine munter wedelnde Rute die pure Lebenslust. Der Cocker ist ein fröhlicher und aufgeschlossener Vierbeiner, zärtliches Schmusen gehört genauso zu seinen Stärken wie anspruchsvolles Arbeiten.

Von Vogelhunden abstammend, bezieht sich der Name des im 19. Jahrhundert in England gezüchteten Spaniels auf seine Stöberarbeit auf Waldschnepfen, die im Englischen „woodcock" heißen. Wie bei vielen Hunderassen hat sich die Zucht in Arbeits- und die etwas schwereren Schönheitslinien aufgeteilt. Heute ist er ein beliebter Begleithund und öfter in der Familie als im Jägerhaushalt zu finden.

FRÖHLICHER FAMILIENHUND

Der Cocker ist ein aktiver Hund, der auch ebensolche Menschen braucht. Denn im Haus verhält er sich zwar ruhig, doch draußen ist er hellwach, die Nase meistens am Boden. Er ist sehr anhänglich, versucht aber, sich unangeleint einen großen Radius zu erobern. Seine Stöberfreude muss durch zuverlässigen Gehorsam gemanagt werden, dann steht dem Freilauf während der Spaziergänge oder auf langen Wandertouren nichts mehr im Weg. Vom Grundwesen her ist er ein sanfter Hund ohne grobe Umgangsformen, der auch so behandelt werden möchte. Aber auch die verspielten Spaniels brauchen eine gute Sozialisierung und Erziehung, damit sie Kindern lustige Spielpartner sein können und mit Artgenossen verträglich sind.

Zuchthunde werden auf Hüftgelenksdysplasie und erbliche Augenerkrankungen untersucht, der Test auf Familiäre Nephropathie (Nierenerkrankung) ist freiwillig. Die als „Cockerwut" bekannte erbliche Verhaltensstörung mit gesteigerter Aggression tritt heute kaum noch auf. Das Cockerfell braucht gute Pflege, dazu gehören das Trimmen drei- bis viermal pro Jahr und das Entfernen überschüssiger Haare zwischen den Ballen und in den Ohren. Wird die Ohrenpflege vernachlässigt, sind diese anfälliger für Infektionen.

APPORTIERHUNDE, STÖBERHUNDE, WASSERHUNDE

Größe: 38–41 cm

Gewicht: 13–14,5 kg

Lebenserwartung: 12 Jahre +

Fell: glatt und seidig

Farbe: verschiedene Farben einfarbig, mehrfarbig und Schimmel

Kaufpreis: 800–1 200 EUR

Erziehung: 3

Beschäftigung: 4

Bewegung: 4

Pflege: 4

Jagdverhalten: 3

Schutzverhalten: 2

Wachsamkeit: 4

Agility & Co.: 4

Eignung für Stadt: 4

HUNDERASSENPORTRÄT **ENGLISH SPRINGER SPANIEL**

ENGLISH SPRINGER SPANIEL

Fröhlich, freundlich und temperamentvoll, das sind seine auffälligsten Eigenschaften. Die Rute scheint niemals stillzustehen, schon gar nicht, wenn ein Springer Spaniel bei der Arbeit ist, spielt oder tobt. Und wenn er sich freut, wackelt gleich das ganze Hinterteil mit.

APPORTIERHUNDE, STÖBERHUNDE, WASSERHUNDE

Größe: ca. 51 cm

Gewicht: 20 – 25 kg

Lebenserwartung: 12 Jahre +

Fell: dicht und glatt

Farbe: leberbraun-weiß, schwarz-weiß oder jede dieser Farben mit Loh-Abzeichen

Kaufpreis: 900 – 1 300 EUR

Erziehung: 🐕🐕
Beschäftigung: 🐕🐕🐕🐕
Bewegung: 🐕🐕🐕🐕
Pflege: 🐕🐕🐕
Jagdverhalten: 🐕🐕🐕🐕
Schutzverhalten: 🐕
Wachsamkeit: 🐕🐕🐕
Agility & Co.: 🐕🐕🐕🐕
Eignung für Stadt: 🐕🐕

Der Springer Spaniel ist eine der ältesten englischen Jagdhundrassen. Früher war es sein Job, das Wild zu finden und für die Jagd mit dem Netz, mit Falken oder Greyhounds aufzuscheuchen. Heute arbeitet er dem Jäger mit dem Gewehr zu und apportiert das erlegte Wild. Seine gute Nase prädestiniert ihn auch zu anderen Jobs, so ist er in England die bevorzugte Rasse für Drogen- und Sprengstoffsuchhunde.

So vielseitig der Jagdgebrauchshund auch ist, zu einem eignet er sich nicht: Schutzdienst. Ein gut sozialisierter Springer Spaniel aus einer guten Zucht lässt jegliche Schärfe vermissen. Und so ist er ein prima Familienhund, für den es kaum etwas Schöneres gibt, als mit seinen Menschen zu kuscheln, mit den Kindern ausdauernd zu spielen und zu toben. Im Haus ist er ruhig, draußen scheint sein Temperament keine Grenzen zu kennen.

EIN AUSBUND AN ENERGIE
Beschäftigungsmöglichkeiten gibt es für den vielseitig talentierten und wasserfreudigen Vierbeiner viele, vor allem natürlich Apportieren und jede andere Beschäftigung für die Nase, wie Mantrailing oder als Rettungshund. Dazu ist der schnellste unter den Spanieln eine echte Sportskanone, genau richtig für Agility und Co. Er will mit seinem Menschen arbeiten und es ihm recht machen. Wer ihn mit der richtigen Kombination aus Konsequenz und Einfühlsamkeit führt, bekommt einen loyalen Gefährten fürs Leben.

Zuchthunde werden je nach Verein auf Hüftgelenksdysplasie, Fucosidose (neurologische Erkrankung), Progressive Retina Atrophie und Katarakt getestet, gelegentlich tritt Ektropium (nach außen gedrehtes Augenlid) auf. Das Fell wird drei- bis viermal im Jahr getrimmt.

DAS IST *wirklich* WICHTIG

DER JAGDGEBRAUCHSHUND benötigt in der Familie unbedingt ein alternatives Beschäftigungsangebot, damit er aus Langeweile nicht unkontrolliert jagt oder sich ein anderes, nicht gern gesehenes Hobby sucht – nur ein ausreichend beschäftigter Springer Spaniel ist glücklich.

DER SENSIBLE und menschenbezogene Springer braucht einfühlsame Führung. Wer bei ihm mit Druck arbeitet, wird schnell einen Vierbeiner mit Blockadehaltung haben. Konsequenz darf bei diesem zielstrebigen und cleveren Hund trotzdem nicht fehlen.

FREILAUF lässt sich trotz der Jagdleidenschaft des Springer Spaniels meist gut realisieren. Mit entsprechender Erziehung bewegt sich der Stöberhund in einem relativ geringen Radius um seinen Menschen.

English-Springer-Spaniel-Welpen [A]
Erwachsener English Springer Spaniel [B + C]

63

DAS IST *wirklich* WICHTIG

SEIN BEWEGUNGSBEDÜRFNIS ist durchschnittlich: Für die Spaziergänge sollten etwa zwei Stunden eingeplant werden. Zur Beschäftigung bieten sich Fährtenarbeit und Hundesport wie Agility an. Bällchenspiele und Dummytraining begeistern nur wenige Eurasier, da häufige Wiederholungen sie schnell langweilen.

DIE ERZIEHUNG des Eurasiers muss sehr konsequent, aber feinfühlig sein. Mit Drill oder übertriebenem Druck erreicht der Hundehalter bei diesem eigenständigen und selbstbewussten Vierbeiner nur, dass er „auf Durchzug" schaltet oder sich sogar widersetzt.

DIE JAGDPASSION ist beim Eurasier eher gering bis durchschnittlich ausgeprägt. Zeigt ein Junghund größere Motivation zum Jagen, lässt sich das durch frühzeitiges erzieherisches Einwirken meist gut in den Griff bekommen.

EURASIER

Sein Pelz macht ihn zu einem Hingucker, doch seine wahren Vorzüge liegen darunter: Einfühlsamkeit und Gelassenheit. Dabei ist er ein Individualist mit großem Selbstbewusstsein. Wer dies schätzt und im Alltag handeln kann, könnte hier genau richtig sein.

Der Eurasier ist eine noch sehr junge Rasse. 1960 wurde aus Chow-Chow und Wolfspitz der „Wolf-Chow" gezüchtet, später wurde noch der Samojede eingekreuzt, bis 1973 die Umbenennung und die Anerkennung durch die FCI erfolgte.

Der plüschige Vierbeiner nimmt empfindsam die Stimmungen seiner Menschen auf und kann sich sensibel darauf einstellen. Das macht ihn zu einem anpassungsfähigen Gefährten, der sich seiner Familie anhänglich anschließt, gerne schmust und immer dabei sein möchte, wenn auf seine Bedürfnisse Rücksicht genommen wird. Für eine Toberei zwischendurch ist er gerne zu haben, er zählt allerdings nicht zu den Rassen, die für ihre ausgeprägte Spielfreude bekannt sind.

KEIN BLINDER GEHORSAM

Seine Menschenkenntnis und gute Auffassungsgabe machen es ihm leicht, der Traumhund zu sein. Dadurch kann er aber auch seine Zweibeiner nach seinen Wünschen erziehen. Das gilt es zu erkennen, soll der Hund nicht die Führung übernehmen. Er lernt leicht, ist aber kein Partner für Menschen, die sich einen Hund mit blindem Gehorsam wünschen. Vielmehr zeigt er „reflektierten Gehorsam" – er will überzeugt werden. Fremden gegenüber ist er zurückhaltend, das Eurasierherz will erobert werden, bevor es sich öffnet. So ist er auch wachsam auf eigenem Grund und durchaus bereit, sein Heim zu verteidigen, wenn dies geboten ist. Ohne Grund bellt er jedoch selten. Gut sozialisiert ist er mit Artgenossen verträglich, Rüden entscheiden bei Geschlechtsgenossen oft nach Sympathie.

Der Eurasier zählt zu den robusten Rassen. Zuchthunde werden auf Hüftgelenksdysplasie, Patella-Luxation und Augenerkrankungen untersucht, zudem kann Schilddrüsenunterfunktion vorkommen. Das Fell wird ein- bis zweimal pro Woche gründlich gebürstet und gekämmt, im Fellwechsel häufiger. Manche Eurasier haben eine blaue oder blau gescheckte Zunge.

SPITZE UND HUNDE VOM URTYP

Größe: 48 – 60 cm

Gewicht: 18 – 32 kg

Lebenserwartung: 12 Jahre, auch höher

Fell: dichte Unterwolle am ganzen Körper und mittellanges, lose anliegendes Grannenhaar

Farbe: alle Farben, außer reinweiß, weiß gescheckt und leberfarbig

Kaufpreis: ab 1 100 EUR

Erziehung: 🐕🐕🐕

Beschäftigung: 🐕🐕🐕

Bewegung: 🐕🐕🐕

Pflege: 🐕🐕🐕

Jagdverhalten: 🐕🐕

Schutzverhalten: 🐕🐕

Wachsamkeit: 🐕🐕🐕🐕

Agility & Co.: 🐕🐕🐕🐕

Eignung für Stadt: 🐕🐕🐕

HUNDERASSENPORTRÄT **FLAT COATED RETRIEVER**

FLAT COATED RETRIEVER

Bei seinem Anblick schmelzen viele Hundefreunde dahin, besticht der Flat doch durch seine Anmut, seine Eleganz und den funkelnden Schimmer in seinem prächtigen Fell. Dazu kommt seine überschäumende Lebensfreude, die sich vor allem durch Wedeln im Dauermodus äußert.

APPORTIERHUNDE, STÖBERHUNDE, WASSERHUNDE

Größe: 56,5 – 61,5 cm

Gewicht: erwünscht 25 – 36 kg

Lebenserwartung: 10 Jahre +

Fell: dichtes, feines bis mittelstarkes und möglichst glattes Haar mit Befederung an Läufen und Rute, keine Unterwolle

Farbe: schwarz oder leberbraun

Kaufpreis: ca. 1 200 EUR

Erziehung:	🐾🐾🐾
Beschäftigung:	🐾🐾🐾🐾
Bewegung:	🐾🐾🐾
Pflege:	🐾🐾🐾
Jagdverhalten:	🐾🐾🐾
Schutzverhalten:	🐾
Wachsamkeit:	🐾🐾
Agility & Co.:	🐾🐾🐾🐾
Eignung für Stadt:	🐾🐾🐾

Er wurde für die Jagd gezüchtet: Im England des 19. Jahrhunderts aus dem Urvater der Retriever, dem Saint John's Dog sowie vermutlich Settern, Sheepdogs und Water Spaniels. Seine Wasser- und Apportierfreude, seine schnelle Auffassungsgabe und Reaktion sowie seine gute Nase prädestinieren ihn dabei für die Entenjagd, doch vielseitig, wie er ist, beweist er seine Fähigkeiten auch in anderen jagdlichen Bereichen und als Rettungs-, Besuchs- oder Therapiehund.

REAKTIONSSCHNELL

Der für Retriever typische „will to please", der Wunsch zu gefallen, findet sich auch beim Flat und macht ihn zu einem leichtführigen Vierbeiner. Erziehung und Führung können aber gerade bei einem Hund, der so schnell reagiert, so leicht lernt und so quirlig ist wie er, zu einer Herausforderung werden. Dazu hat er bisweilen einen eigenen Kopf und mit Monotonie in der Ausbildung kommt man nicht weit. Daher ist der feinfühlige Retriever am besten bei Menschen aufgehoben, die Ruhe ausstrahlen, dabei aber genauso reaktionsschnell sind wie er und es immer wieder schaffen, seine Aufmerksamkeit liebevoll und mit hundegerechter Konsequenz auf sich zu lenken. Mit Gassigängen alleine ist er nicht ausgelastet, vor allem braucht er Kopfarbeit.

In der Familie zeigt er sich – sofern gut sozialisiert und ausgelastet – sehr liebevoll, anhänglich und sanft, ist dabei aber jederzeit für ein Spiel oder eine Albernheit zu haben. Als Begleithund ist er unternehmungslustig und eine Bereicherung bei allen Aktivitäten: ob lange Wanderung, Restaurantbesuch oder im Urlaub.

Gesundheitlich hat der bildschöne Vierbeiner nur selten Probleme, Zuchthunde werden auf Hüftgelenks- und Ellenbogendysplasie, Patella-Luxation und erbliche Augenerkrankungen untersucht.

DAS IST *wirklich* WICHTIG

EIN FLAT will arbeiten. Er ist kein Hund, der ohne Herausforderung im Alltag einfach mitläuft und schon gar keiner für Couchpotatoes. Lange Spaziergänge in Feld und Wald, dazu anspruchsvolle Dummyarbeit und spannende Suchaufgaben sind genau das, was dieses Retrieverherz höher schlagen lässt.

ANHÄNGLICH, wie er ist, schließt er sich seinen Menschen eng an und möchte möglichst oft mit ihnen zusammen sein. Er kann bis ins hohe Alter ein richtiger Clown und albern sein, der aber auch anschmiegsam Momente der Ruhe genießt.

DIE JAGDLICHE MOTIVATION des temperamentvollen Vierbeiners ist hoch, vor allem seine Reaktion ist schnell. Dem muss durch konsequentes Rückruftraining beim Freilauf Rechnung getragen werden.

DAS IST *wirklich* WICHTIG

IM HAUS zeigen sich ausgelastete Bullys ruhig und fordern kein Dauerentertainment. Ihnen ist die Nähe zu ihren Menschen wichtig, deren Stimmungen sie feinfühlig spiegeln. Ihr Bewegungsbedarf ist nicht übermäßig. Spaziergänge sind trotzdem wichtig und beim Freilauf und Toben zeigt sich ihr großes Temperament.

DIE ERZIEHUNG ist bei diesen quirligen Hunden nicht immer einfach, auch weil es vielen Haltern schwerfällt, die nötige Konsequenz beizubehalten. Wer ein Gehorsamsfanatiker ist, sollte keinen Bully wählen.

DIE IDEALEN MENSCHEN für diesen lustigen Hund sind durchsetzungsfähig und geduldig, dabei auch tolerant und fröhlich, mit Sinn für Humor und Selbstironie.

FRANZÖSISCHE BULLDOGGE

Mit ihrer Ausgelassenheit, Fröhlichkeit und dem vielsagenden Augenaufschlag begeistert sie jeden Hundefreund, auch wenn sie nicht seinem bevorzugten Hundebild entspricht: Ihre Lebensfreude ist einfach ansteckend. Stillzusitzen fällt ihr mitunter schwer und häufiger muss sie gebremst, denn motiviert werden.

In Frankreich aus Englischen Bulldoggen des leichten Typs und der Einkreuzung von Terriern und Griffons entstanden, wurde Ende des 19. Jahrhunderts der erste Rassestandard erstellt. War die fledermausohrige Bulldogge zuerst der Hund der einfachen Leute, schätzten bald Künstler und gehobene Kreise den kleinen Vierbeiner des Molossertyps als attraktiven, unkonventionellen und amüsanten Gesellschafter. Zeitweise war die Französische Bulldogge immer wieder Modehund, so auch ganz aktuell.

VIELSEITIG UND TEMPERAMENTVOLL

Leider werden Modehunde oft gewissenlos gezüchtet, was dann schwerwiegende Auswirkungen auf deren Gesundheit hat. Eine gesunde Französische Bulldogge ist nicht bequem, sondern aktiv und quirlig. Sie spielt mit vollem Körpereinsatz und verteilt dabei nicht selten Bodychecks wie ein American-Football-Spieler. Gut sozialisiert kann sie sich den verschiedensten Lebensumständen anpassen, ob sie nun bei ruhigeren Menschen lebt oder in der Familie, und ist dann auch mit Artgenossen verträglich. Der Bully ist mehr als ein schickes Accessoire: Er ist ein richtiger Hund und will auch so behandelt und gefordert werden.

Zuchthunde im VDH müssen einen Belastungstest vorweisen, werden auf Patella-Luxation und Veränderungen der Wirbelsäule untersucht. Viele Französische Bulldoggen sind hitzeempfindlich, oft gibt es Kaiserschnittgeburten und nicht selten Probleme mit der Atmung. Daher ist wie bei allen Modehunden die Wahl eines Züchters besonders wichtig, der neben dem sozialverträglichen Verhalten vor allem größten Wert auf die Gesundheit seiner Hunde legt. Bürsten ist zur Fellpflege ausreichend, zudem müssen Augen und Gesichtsfalten regelmäßig kontrolliert werden.

GESELLSCHAFTS- UND BEGLEITHUNDE

Größe: ca. 25–35 cm

Gewicht: 8–14 kg

Lebenserwartung: 10 Jahre +

Fell: dicht, weich und kurz

Farbe: fawn, gestromt oder gescheckt

Kaufpreis: ab 1 300 EUR

Erziehung: 4
Beschäftigung: 3
Bewegung: 3
Pflege: 2
Jagdverhalten: 3
Schutzverhalten: 2
Wachsamkeit: 3
Agility & Co.: 3
Eignung für Stadt: 5

HUNDERASSENPORTRÄT **GOLDEN RETRIEVER**

GOLDEN RETRIEVER

Wäre er ein Mann, dann wäre er sicher der Traum aller Schwiegermütter: Mit seinem attraktiven Äußeren, seinem herzlichen Wesen und seinem „will to please", dem Wunsch zu gefallen, ist er einfach ein Sympathieträger, den man gern an seiner Seite sieht.

APPORTIERHUNDE, STÖBERHUNDE, WASSERHUNDE

Größe: 51–61 cm

Gewicht: 25–38 kg

Lebenserwartung: 12 Jahre +

Fell: glatt oder wellig mit Befederung mit dichter, wasserabstoßender Unterwolle

Farbe: gold- und cremefarben

Kaufpreis: ab ca. 1 300 EUR

Erziehung:

Beschäftigung:

Bewegung:

Pflege:

Jagdverhalten:

Schutzverhalten:

Wachsamkeit:

Agility & Co.:

Eignung für Stadt:

Kein Wunder, dass der Goldie seit Jahren seinen festen Platz unter den Top 5 der beliebtesten Rassehunde hat. Gezüchtet wurde er im England des 19. Jahrhunderts aus der schon ausgestorbenen Rasse des „Wavy Coated Retrievers" sowie vorwiegend Tweed Water Spaniels und Irish Settern, vor allem um mit der Flinte erlegtes Feder- und Niederwild zu finden und zu bringen. So ist der Golden Retriever bei all seinen Vorzügen als Begleithund doch ein Jagdhund, der mit seinen Talenten bei der Suche und beim Apportieren in Feld und Wiese – vor allem aber im Wasser – punkten kann. Daher sind Dummyarbeit und andere Suchaufgaben wie Mantrailing die ideale Beschäftigung für den schönen und arbeitsfreudigen Briten.

EIN ECHTER SCHATZ

Ein Golden Retriever macht es seinen Menschen relativ leicht, ihn zu einem angenehmen Begleiter in allen Alltagssituationen zu erziehen und zu führen, denn er nimmt gut auf, was sein Mensch ihm vermittelt. Nicht ohne Grund werden viele Rassevertreter als Blindenführ- oder Behindertenassistenzhunde eingesetzt. Ohne gute Sozialisierung, ausreichende Beschäftigung und das Setzen von Grenzen geht es auch bei diesem sensiblen Vierbeiner nicht, sollen sein Temperament und die Leidenschaft des Jagdhundes nicht unkontrolliert mit ihm durchgehen.

Zuchthunde werden auf Hüftgelenks- und Ellenbogendysplasie sowie erbliche Augenerkrankungen untersucht. Epilepsie ist als Erbkrankheit bekannt. Beim Kauf eines Golden ist die sorgsame Auswahl des Züchters die beste Voraussetzung für ein glückliches Miteinander. Unseriöse Zucht begünstigt bei dieser Rasse nicht nur die genannten und anderen Krankheiten, sondern auch Verhaltensstörungen. Das Fell ist pflegeleicht, wird regelmäßig gebürstet und alle sechs bis acht Wochen getrimmt. Golden aus Leistungslinien sind anspruchsvoller als solche aus Showlinien und leichter im Körperbau.

DAS IST *wirklich* WICHTIG

DAS JAGDVERHALTEN des Golden lässt sich gut kontrollieren, und mit entsprechender Erziehung ist entspannter Freilauf möglich, sucht der anhängliche Golden doch die Nähe seines Menschen und freut sich über jegliche Zuwendung.

HARTE ERZIEHUNGSMETHODEN sind beim feinfühligen Golden fehl am Platz. Wer ihm einfühlsam und geduldig einen verbindlichen Rahmen vorgibt, bekommt einen Hund, der die Familie auf vielerlei Weise bereichert und seinen großen und kleinen Menschen liebevoll zugetan ist.

DIE IDEALEN HALTER für den Golden sind naturliebende, „wetterfeste" und tolerante Zweibeiner. Denn der Golden möchte bei jedem Wetter raus und legt sich in jede Pfütze, die er findet. Sauber und adrett sieht anders aus – doch der Hund ist dann glücklich.

Erwachsener Golden Retriever [A + B]
Golden-Retriever-Welpe [C]

DAS IST *wirklich* WICHTIG

TÄGLICH BENÖTIGT der Setter sein Pensum an Freilauf, damit er sich im Lauf lang machen und Dampf ablassen kann. Übersichtliche und große Freiaufflächen abseits von Straßen sind dafür die Voraussetzung.

GEZÜCHTET für selbstständiges Suchen, hat der Gordon im Freilauf einen großen Radius. Das erfordert vom Halter, beim Spaziergang vorausschauend zu sein sowie den Überblick und den schnellen und ausdauernden Hund immer im Auge zu behalten, damit er sich nicht außer Sichtweite entfernt.

ZUR AUSLASTUNG braucht er abwechslungsreiche Kopfarbeit, die ihn fordert und nicht nur ständige Wiederholungen abfragt. Dazu bieten sich vor allem alle anspruchsvollen Apportier- und Suchaufgaben und ein Job als Rettungshund an. Wer einen Gordon nicht auslastet, wird mit ihm nicht glücklich.

HUNDERASSENPORTRÄT **GORDON SETTER**

GORDON SETTER

Wo er auftritt, zieht er alle Blicke auf sich. Auch in der Familie ist der prachtvolle und vor Temperament strotzende Vierbeiner sehr präsent und keinesfalls ein unauffälliger Mitläufer. Genau der richtige Gefährte für Menschen, die ihren Hund zum Hobby machen möchten.

Er zählt zu den englischen Vorstehhunden, die dem Jäger schon im Mittelalter bei der Jagd das Federwild anzeigten. Der Gordon ist der kompakteste und kräftigste unter den Settern, vermutlich wurden auch Collie, Spaniel, Pointer und Bloodhound eingekreuzt. Im 19. Jahrhundert begann die Reinzucht.

Der hochintelligente Setter lernt schnell und gerne, braucht aber aktive, engagierte und durchsetzungsfähige Menschen, die ihn auslasten, sich nicht von seinem schmachtenden Blick weichkochen lassen und konsequent einen verbindlichen Rahmen vorgeben. Denn er nutzt jede Schwäche und gerade Welpen haben viel Unsinn im Kopf – erst mit etwa drei Jahren erlangt er die körperliche und mentale Reife. Wird der Gordon ungerecht behandelt, ist er demotiviert und kann das Vertrauen zu seinem Menschen verlieren. Richtig motiviert, zeigt er sich folgsam, loyal und will gefallen. Schnelles Lob kann ihn zu Höchstleistungen bringen. Rückruftraining ist enorm wichtig.

CLEVERER HERZENSBRECHER

Sein Kopf will abwechslungsreich gefordert werden. Die Übungen des Grundgehorsams zu begreifen, ist für ihn ein Klacks, doch sich zurückzunehmen ist für ihn anstrengend. Abseits seiner Jagdleidenschaft ist er sehr menschenbezogen, verschmust, freut sich über Besuch, sucht die Nähe seiner Zweibeiner und schleicht sich in deren Herzen. Im Haus zeigt er sich ruhig; gut sozialisiert ist er gelassen, nervenstark und mit Kindern tolerant – wenn es ihm zu viel wird, geht er.

Gordon Setter sind in der Regel langlebige Hunde, die lange agil bleiben. Zuchthunde werden auf Hüftgelenksdysplasie und Progressive Retina Atrophie untersucht. Das prächtige Fell wird zwei- bis dreimal wöchentlich gebürstet, die Konturen ca. alle acht Wochen in Form zu schneiden sollte einem Fachmann überlassen werden.

VORSTEHHUNDE. MIT ARBEITSPRÜFUNG.

Größe: 62–66 cm

Gewicht: 25,5–29,5 kg

Lebenserwartung: 12 Jahre +

Fell: fein und glatt mit langer Befederung, kaum Unterwolle

Farbe: kohlschwarz mit kastanienrotem Brand

Kaufpreis: 1 000–1 300 EUR

Erziehung:	🐕🐕🐕🐕
Beschäftigung:	🐕🐕🐕🐕
Bewegung:	🐕🐕🐕🐕
Pflege:	🐕🐕🐕
Jagdverhalten:	🐕🐕🐕🐕🐕
Schutzverhalten:	🐕
Wachsamkeit:	🐕🐕🐕
Agility & Co.:	🐕🐕🐕🐕
Eignung für Stadt:	🐕🐕

HUNDERASSENPORTRÄT **GREYHOUND**

GREYHOUND

Er mutet wie eine Statue an, jeder Muskel fein gemeißelt. Dazu die sanften Augen, deren seelenvoller Blick dem Hundefreund ins Herz geht. Dies spiegelt seine sanftmütige Seite wider. Beim Freilauf offenbart sich die andere – ein Hund mit sprühender Lebensfreude und Leidenschaft.

Windhunde sind ein sehr alter Hundetyp, wie es jahrtausendealte Abbildungen zeigen. Der Greyhound geht vermutlich auf die Windhunde der Kelten zurück, die mit ihnen etwa 375 v. Chr. auf die Britischen Inseln kamen. Daraus entwickelte sich eine Rasse, die heute als die schnellste der Welt gilt und auf Kurzstrecken bis zu 70 km/h schnell rennen kann. Die Hetzhunde waren wertvolle Jagdhelfer und der Besitz der kostbaren Tiere war lange Zeit das Vorrecht des Adels.

DER SCHNELLSTE HUND

Dieses Blatt hat sich gewendet, seit der Greyhound Wettobjekt in kommerziellen Rennen ist, und in den Ländern, wo das noch erlaubt ist, als Nutztier gehalten wird. Bringt ein Grey nicht mehr den erwarteten Profit, wird er aussortiert und kommt im besten Fall als „Rescue"-Hund zu einer Tierschutzorganisation. In Deutschland sind Windhundrennen Amateurveranstaltungen, Geldwetten sind verboten.

Ob ein Greyhound vom Züchter oder aus dem Tierschutz, der elegante Vierbeiner ist ein wunderbarer Familienhund, anschmiegsam und treu. Er ist sehr menschenbezogen und braucht den engen Kontakt zu seiner Familie. Gut sozialisiert und erzogen, ist er verträglich mit Artgenossen und ein ruhiger, angenehmer und anpassungsfähiger Gesellschafter, ob im Haus oder als Begleiter bei gemeinsamen Unternehmungen. Die Herausforderung wird sein, ihm täglich die ausreichende Möglichkeit zum schnellen Laufen zu bieten – bei Greyhounds fortgeschrittenen Alters reicht das zwei- bis dreimal pro Woche.

Viele Greyhounds sind sehr gesunde Hunde, doch es gibt Dispositionen für Knochenkrebs und immunologische Erkrankungen. Das kurze Fell ist pflegeleicht; der Zahnpflege sollte viel Aufmerksamkeit gewidmet werden.

WINDHUNDE

Größe: 68–76 cm

Gewicht: 25–38 kg

Lebenserwartung: 10 Jahre +

Fell: kurz, fein und dicht

Farbe: schwarz, weiß, rot, blau, bräunliches Rotgelb, sandfarben, gestromt oder jede dieser Farben mit Weiß

Kaufpreis: 800–1 400 EUR

Erziehung: ●●○○○

Beschäftigung: ●●●○○

Bewegung: ●●●●○

Pflege: ●○○○○

Jagdverhalten: ●●●●●

Schutzverhalten: ●●○○○

Wachsamkeit: ●●○○○

Agility & Co.: ●●●○○

Eignung für Stadt: ●●●○○

Greyhoundrüde vom Züchter [A + B]
Greyhoundhündin aus dem Tierschutz [C]

DAS IST *wirklich* WICHTIG

DIE ERZIEHUNG macht der Greyhound seinen Menschen leicht, wenn sie ihn im Alltag und beim Training feinfühlig und geduldig anleiten, viel loben und einen respektvollen Umgangston pflegen.

FREILAUF ist nur in wildarmem, weit überschaubarem Gelände möglich. Entdeckt der Greyhound flüchtendes Wild oder eine Katze, schaltet er vom folgsamen Begleiter blitzschnell um zum Hetzjäger, seine Beute immer fest im Blick. Ihn dann noch zu stoppen, ist ein meist aussichtsloses Unterfangen.

BEWEGUNG ist sein Lebenselexier. Stundenlanges Laufen am Fahrrad ist weniger sein Ding, lieber will er in weiten Kreisen rennen. Ideal ist dazu ein großes, eingezäuntes Gelände und für kerngesunde Hunde Renn- oder Coursingtraining im Windhundverein.

DAS IST *wirklich* WICHTIG

CLEVER, wie der hübsche Vierbeiner ist, lernt er leicht und mit Spaß, zudem hat er keine nennenswerte jagdliche Motivation. Zusammen mit seinem freundlichen Wesen macht ihn das zu einem geeigneten Hund für fast alle Fälle, ob in der Familie, für Anfänger oder fitte Senioren.

AUSGEDEHNTE SPAZIERGÄNGE macht der Havaneser locker mit, hat der kleine Hund doch viel Ausdauer. Mit seinem mittleren Bewegungsbedürfnis ist er leicht auszulasten, vor allem wenn er dazu spielen und toben und seine Menschen bei ihren Unternehmungen begleiten kann.

DAS ÜPPIGE FELL macht keinen Fellwechsel durch, braucht aber viel Pflege. Es wird am besten täglich gebürstet und gekämmt, woran bereits der junge Hund behutsam gewöhnt werden sollte.

Havaneser mit kurz geschnittenen Fell [A – C].

[A]

[C]

[B]

HAVANESER

Ein Exilkubaner erobert mit seinem Charme und seiner Fröhlichkeit die Welt. Der hübsche Zwerghund bringt beste Voraussetzungen als Familienhund mit – ansteckend gute Laune inklusive. Kein Wunder, dass er zunehmend populärer wird und an Beliebtheit gewinnt.

Der Havaneser gehört zu den Bichons, die auf eine jahrtausendelange Geschichte als Schoßhunde zurückblicken können. Sie erfreuten feine, wohlbetuchte Damen mit ihrem niedlichen Aussehen und entzückenden Wesen, waren Gesellschafter und Fußwärmer in kalten Gemäuern. Seine Vorfahren kamen vermutlich mit Eroberern aus Südeuropa in die Karibik, wo sie den Weg zu einer eigenen Rasse einschlugen. Auf kubanischen Bauernhöfen erweiterten sie ihr Tätigkeitsfeld und bewiesen sich als talentierte Hütehunde und Hofwächter. In der Kennedy-Ära schmuggelten Exilkubaner die kleinen Vierbeiner nach Amerika und bewahrten sie so vor dem Aussterben.

EIN PFIFFIGER CHARMEUR

Der kleine Wuschelhund ist ein echter Clown und für jeden Schabernack zu haben. Neben innigem Kuscheln ist Spielen seine große Leidenschaft, auch Tricks zu lernen fällt ihm leicht. So gelingt es ihm mühelos, alle Aufmerksamkeit auf sich zu ziehen und der Star in der Arena zu sein. Da muss der Halter schon aufpassen, dass er sich von dem kleinen Kerl nicht einwickeln lässt und in der Erziehung trotz der Charmeoffensive ein Mindestmaß an Konsequenz zeigt. Gut sozialisiert ist er ein liebevoller und lustiger Kinderkumpel, wenn seine Bedürfnisse berücksichtigt werden; auch mit Artgenossen verträgt er sich gut. Manchmal kommt noch seine Hüteleidenschaft durch, dazu meldet er Fremde zuverlässig, fällt aber nicht durch Dauergebell auf.

Eine grundsätzlich gesunde Rasse. Zur Zucht vorgesehene Hunde werden auf Patella-Luxation und je nach Herkunft auf Juvenilen Katarakt untersucht. Der Rassestandard verbietet das Schneiden und Trimmen der Haare. Wer mit seinem Havaneser Ausstellungen besuchen möchte, muss sich daran halten. Im Alltag ist gekürztes Haar praktischer und pflegeleichter.

GESELLSCHAFTS- UND BEGLEITHUNDE

Größe: 21–29 cm

Gewicht: 5–7 kg

Lebenserwartung: 14 Jahre +

Fell: bis zu 18 cm langes, weiches Deckhaar, schwach entwickelte wollene Unterwolle, oft ganz fehlend

Farbe: weiß, falbfarben, schwarz, havanna-, tabak- oder rötlich braun, auch mit Flecken

Kaufpreis: 1 200–1 400 EUR

Erziehung:	●●○○○
Beschäftigung:	●●●○○
Bewegung:	●●●○○
Pflege:	●●●●○
Jagdverhalten:	●○○○○
Schutzverhalten:	●○○○○
Wachsamkeit:	●●●○○
Agility & Co.:	●●●○○
Eignung für Stadt:	●●●●●

HUNDERASSENPORTRÄT **IRISH SETTER**

IRISH RED SETTER

Ein prächtiger und edler Hund, der leider allzu oft nur auf seine Schönheit reduziert wird. Dabei hat der lebhafte Setter viel mehr zu bieten – wenn es dem Halter gelingt, ihm die Auslastung zu geben, die er braucht. Und das geht im Alltag nicht einfach nebenbei.

Er ist ein englischer Vorstehhund, dessen Vorfahren schon im Mittelalter bei der Jagd das Flugwild anzeigten, und stammt von irischen rot-weißen Settern und nicht mehr bekannten roten Hunden ab. Das Aussehen war in Irland schon im 18. Jahrhundert sehr einheitlich, der Rassestandard wurde Ende des 19. Jahrhundert erstellt.

QUIRLIG UND FRÖHLICH

Selbst die Hunde, die mehr auf Schönheit denn auf Leistung gezüchtet wurden, strotzen vor Temperament und auch ihre Passion für die Jagd ist immer noch ausgeprägt. Das in geordnete Bahnen zu lenken ist eine große Aufgabe für Halter, die sich einfühlsam, aber stets konsequent durchsetzen können und die nötige Portion Sportlichkeit, Engagement, Geduld und Gelassenheit mitbringen. Bekommt der Irish Setter Führung im besten Sinne, wird er seinem Menschen gerne folgen. Blinder Gehorsam passt aber nicht zu seiner Persönlichkeit.

Draußen scheint er immer unter Strom zu stehen, manchmal wirkt das hektisch. Auf jeden Fall entgeht ihm nichts, immer ist er aufmerksam und lässt sich gerade in jungen Jahren leicht ablenken. Ohne ausreichende Auslastung sowie ein Umfeld und einen Umgang, der ihm Ruhe und Stabilität vermittelt, kann der rote Quirl nervös werden. Ausreichend beschäftigt ist er ausgeglichen, im Haus ein angenehmer, sanfter und verschmuster Vierbeiner, gut sozialisiert ein prima Spielkamerad für die Kinder und ein fröhlicher Begleiter. Neben der Auslastung braucht der arbeitsfreudige Setter aber seine Ruheräume, damit er die gemütliche Seite seines Wesen entfalten kann.

Zuchthunde werden auf Hüftgelenksdysplasie, Canine Leukozyten Adhäsionsdefizienz (Immunschwäche) und Progressive Retina Atrophie untersucht. Das Fell wird mehrmals wöchentlich gebürstet.

**VORSTEHHUNDE.
MIT ARBEITSPRÜFUNG.**

Größe: 55–67 cm

Gewicht: ca. 25–35 kg

Lebenserwartung: 10 Jahre +

Fell: kurz und fein, mit langer Befederung

Farbe: sattes Kastanienbraun

Kaufpreis: ca. 1 200 EUR

Erziehung: 4/5
Beschäftigung: 5/5
Bewegung: 5/5
Pflege: 3/5
Jagdverhalten: 5/5
Schutzverhalten: 3/5
Wachsamkeit: 3/5
Agility & Co.: 4/5
Eignung für Stadt: 2/5

DAS IST *wirklich* WICHTIG

SETTERTYPISCH zieht der agile Hund beim Spaziergang weiträumige Kreise, die Nase am Boden. Damit das gefahrlos abgeht, braucht es ein großes und übersichtliches Gelände in weiter Entfernung zu Straßen. Zuverlässiger Rückruf ist der wichtigste Punkt in seiner Erziehung, damit er den täglich benötigten Freilauf genießen kann.

SEINE ANSPRÜCHE an Bewegung und Beschäftigung sind überdurchschnittlich. Ohne Kopfarbeit geht es nicht, damit der intelligente Vierbeiner ausgelastet werden kann; dafür bieten sich Apportieren und andere Sucharbeiten an, auch Hundesport ist mit ihm möglich.

DIE ERZIEHUNG muss einfühlsam, aber konsequent sein. Ohne eine verbindliche Linie sind weder seine Jagdleidenschaft noch sein Temperament zu managen.

[A]

DAS IST *wirklich* WICHTIG

NORDISCHE HUNDE sind bekannt für ihren Eigensinn. Der Islandhund zählt als Hütehund zu den kooperativeren. Trotzdem kann auch er einen Dickschädel haben, der liebevolle Konsequenz erfordert. Gerade beim heranwachsenden Hund kann das für den Halter zur Herausforderung werden.

FÜR KINDER ist ein gut sozialisierter Islandhund ein prima Vierbeiner, der gerne und ausdauernd spielt, alberne Ideen hat und leidenschaftlich gern kuschelt. Freunde werden lautstark gemeldet und dann schwanzwedelnd und stürmisch willkommen geheißen.

ABWECHSLUNG UND ACTION sind genau richtig, wenn es gilt, einen Islandhund zu beschäftigen. Er ist ein Allrounder und hat Spaß an den verschiedensten Hundesportarten, Fährtenarbeit und am Apportieren.

Erwachsener Islandhund [A + B]
Islandhundwelpen [C]

[B]

[C]

HUNDERASSENPORTRÄT **ISLANDHUND**

ISLANDHUND

Noch nie gehört? Diese seltene Rasse sollte neugierig machen, denn der Spitz aus dem hohen Norden hat viele Eigenschaften, die ihn zum guten Familienhund machen: Er ist robust, fröhlich, verspielt und anhänglich, dazu zeigt er kaum Jagd- oder Schutzverhalten.

Er stammt vermutlich von spitzartigen nordischen Hunden ab, die mit den Wikingern im 9. Jahrhundert auf die Insel kamen. Die Aufgabe der Islandhunde war es, mit ihrer Stimme Schafe und Pferde zu hüten und zu treiben, den Hof zu bewachen, Fremde zu melden und Möwen und Raben zu vertreiben, damit sie sich nicht über Lämmer oder die im Freien auf langen Gestängen aufgereihten Trockenfische hermachen.

Soll er als Familienhund nicht zum Kläffer werden, muss seine Bellfreude gelenkt werden. Anhaltendes Bellen kann auch ein Anzeichen für Langeweile sein. Ausgelastet zeigt er sich im Haus als ruhiger und angenehmer Gesellschafter. Unterbeschäftigt findet er dank seines Ideenreichtums sicher eine unterhaltsame – aber unerwünschte – Alternative. Er liebt Gesellschaft, alleine zu bleiben sollte daher sorgfältig geübt werden.

SPRITZIG UND LEBHAFT

Der Islandhund ist ein wetterfester Hund, der ausgedehnte Spaziergänge liebt und auch gerne draußen ist, wenn es kalt oder nass ist. Dabei hat er einen großen Radius und verscheucht gerne Vögel. Wurde der Rückruf gut eingeübt, kann der Freilauf entspannt sein. Als Hütehund lernt er leicht und schnell. Punktgenaue Gehorsamkeit ist jedoch nicht sein Ding und ständige Wiederholungen langweilen ihn. Seine Menschen sollten Verständnis für seinen nordischen, mitunter eigensinnigen Charakter haben, genauso reaktionsschnell sein wie er und ihm die nötige Verbindlichkeit geben, jedoch ohne Härte. Wer dies bieten kann und dazu sportlich und aktiv ist, wird seine Freude an diesem fröhlichen Vierbeiner haben.

Zuchthunde werden auf Hüftgelenksdysplasie und Augenerkrankungen untersucht. Das Fell neigt nicht zum Verfilzen und wird einmal wöchentlich gründlich gebürstet, im Fellwechsel häufiger.

SPITZE UND HUNDE VOM URTYP

Größe: ideal Rüde 46 cm, Hündin 42 cm

Gewicht: 11–17 kg

Lebenserwartung: 14 Jahre +

Fell: kurz- oder langhaarig mit weicher Unterwolle

Farbe: alle Schattierungen von hellem bis dunklem Rot, creme, braun und tricolor, jeweils mit weißen Abzeichen oder gescheckt

Kaufpreis: 950–1 200 €

Erziehung:	🐕🐕🐕
Beschäftigung:	🐕🐕🐕🐕
Bewegung:	🐕🐕🐕🐕
Pflege:	🐕🐕
Jagdverhalten:	🐕🐕
Schutzverhalten:	🐕
Wachsamkeit:	🐕🐕🐕🐕
Agility & Co.:	🐕🐕🐕🐕🐕
Eignung für Stadt:	🐕🐕

HUNDERASSENPORTRÄT **JACK UND PARSON RUSSELL TERRIER**

JACK UND PARSON RUSSELL TERRIER

Wer einen beherzten Draufgänger sucht, ausgestattet mit scheinbar unendlicher Energie, und wer dies auch handeln kann, ist hier genau richtig. Es kommt eben nicht immer auf die Größe an – auch ein kleiner Hund kann eine Herausforderung für seine Zweibeiner sein.

TERRIER

Größe:
Jack Russell Terrier 25–30 cm,
Parson Russell Terrier 31–38 cm

Gewicht:
Jack Russell Terrier 5–6 kg,
Parson Russell Terrier ca. 7–9 kg

Lebenserwartung: 12 Jahre +

Fell: Jack Russell Terrier: glatt-, rau- oder stichelhaarig; Parson Russell Terrier: rau- oder glatthaarig, immer harsch, anliegend und dicht

Farbe: Jack Russell Terrier: vorherrschend weiß mit schwarzen und/oder lohfarbenen Abzeichen; Parson Russell Terrier: weiß oder vorwiegend weiß, Abzeichen in Lohfarben, Gelb und/oder Schwarz

Kaufpreis: 700–1 000 EUR

Erziehung: 🐕🐕🐕🐕🐕

Beschäftigung: 🐕🐕🐕🐕🐕

Bewegung: 🐕🐕🐕🐕

Pflege:
Glatthaar 🐕
Rauhaar 🐕🐕

Jagdverhalten: 🐕🐕🐕

Schutzverhalten: 🐕🐕

Wachsamkeit: 🐕🐕🐕🐕

Agility & Co.: 🐕🐕🐕🐕🐕

Eignung für Stadt: 🐕🐕

Der Ursprung beider Rassen findet sich im England des frühen 19. Jahrhunderts, als der leidenschaftliche Jäger Reverend John „Jack" Russell das Ziel hatte, aus Foxterriern Hunde zu züchten, die bei der Jagd zu Pferde mit den Meuten der Foxhounds mithalten konnten und Füchse und anderes „Raubzeug" aus ihrem Bau trieben. Dabei entstanden zwei Varianten: der kurzbeinige (niederläufige) Jack Russell Terrier mit rechteckigen Proportionen und der etwas größere (hochläufige) Parson Russell Terrier mit quadratischem Körperbau.

KEINE ANFÄNGERHUNDE

Beide Rassen sind Jagdhunde durch und durch, die eine gute Nase, Eigensinn, Ausdauer und Schneid vereinen. Gut tut, wer das ernst nimmt. Denn die Erziehung eines Parson oder Jackies ist kein Kinderspiel, obwohl sie clevere und lernfreudige Hunde sind – sie wurden gezüchtet für eigenständiges Handeln und nutzen jede Lücke. Insbesondere bei jenen mit ausgesprochen hoher jagdlicher Passion ist kontrollierter Freilauf oft nur ein frommer Wunsch, denn einer guten Spur kann die Terriernase selten widerstehen. Und Vierbeiner, die sich mit einem Fuchs anlegen, können schon einmal Zähne zeigen, wenn ihnen bei Hundebegegnungen etwas nicht passt. Sorgsame Sozialisierung – auch mit Artgenossen – ist unerlässlich bei diesen Powerhunden. Doch auch diese toughen Typen haben eine sanfte Seite, die sie vor allem ihren vertrauten Menschen in ruhigen Momenten offenbaren. Und in vielen steckt ein kleiner Clown, lustig und verspielt.

Zuchthunde werden auf Augenerkrankungen, Parson Russell auch auf Taubheit untersucht. Dispositionen gibt es für Patella-Luxation und Hereditäre Ataxie (neurologische Erkrankung u. a. mit Bewegungsstörungen). Die Pflege ist einfach: Regelmäßiges Bürsten reicht aus, rauhaarige Parson werden etwa alle drei Monate getrimmt.

Jack Russell Terrier rauhaarig [A]
Jack Russell Terrier glatthaarig [B + C]

DAS IST *wirklich* WICHTIG

HANDLICH UND PRAKTISCH, das lässt die geringe Größe der beiden Terrierrassen vermuten. Ein kleiner Hund ist nicht zwangsläufig einfach – und Jack- und Parson Russell Terrier sind dafür die Paradebeispiele. Tatsächlich gehören sie zu den wohl am meisten unterschätzten Vierbeinern.

BEGLEITHUND Damit ein Jack Russell oder Parson Russell zu einem angenehmen Begleithund wird, muss der Halter gute Führungsqualitäten besitzen, konsequent auf die Einhaltung von Regeln achten und das Energiebündel mit langen Spaziergängen sowie Nasenarbeit und/oder Hundesport ausreichend auslasten.

WER DAUERHAFT diesen hohen Anforderungen gerecht werden kann, findet in ihm einen unternehmungslustigen Begleiter und treuen Freund.

DAS IST *wirklich* WICHTIG

GROBHEITEN mag das Kooikerhondje gar nicht. Mit Druck und lauten Ansagen kommt der Hundehalter nicht weit. Und so ist der feinfühlige und ruhige Weg genau der richtige, um den gelehrigen Vierbeiner zu motivieren. Konsequenz darf aber nicht fehlen, damit der selbstbewusste Hund nicht sein eigenes Ding macht.

LEBHAFT UND AGIL zu sein, ist typisch Kooiker. Und so ist er der ideale Partner für ausgedehnte Spaziergänge und alle Arten von Hundesport. Trotz seiner Bewegungsfreude toleriert er es, wenn Herrchen oder Frauchen einmal etwas kürzer mit ihm gehen.

RUHIGE UND GELASSENE MENSCHEN sind die idealen Zweibeiner für den Kooiker. Mit entsprechender Sozialisierung freut er sich trotzdem über Trubel im Haus und ist dann auch weniger geräuschempfindlich.

KOOIKERHONDJE

Das Kooikerhondje ist der Geheimtipp für alle, die ihren Traumhund suchen. Es ist bildhübsch, gelehrig und einfach sympathisch. Vom Wesen her eher sanft, sucht es feinfühlige Menschen an seiner Seite. Ihnen schließt es sich dann eng an.

Fast ausgestorben, wurde die von Stöberhunden abstammende Rasse Mitte des 20. Jahrhunderts in Holland wieder zu neuem Leben erweckt. Zwar zählt der mittelgroße Vierbeiner zu den Jagdhunden und hat auch Ratten und Mäuse gejagt, doch sein Hauptjob war es, Enten in „Kojen" (eine Art Tunnel) zu locken – durch fröhliches Wedeln mit der Rute. Noch heute wird er dazu eingesetzt, sei es, damit die Enten dann eingefangen oder zu Forschungszwecken beringt werden können.

SANFTMÜTIG UND VOLLER LEBENSFREUDE

Das Kooikerhondje, auch Kooiker genannt, spielt gerne – mit Eifer und Ausdauer. Dabei sollte es nicht derb zugehen, denn das grobe, körperbetonte Spiel, wie es für manche Rassen typisch ist, behagt ihm gar nicht. Lieber flitzt der Kooiker mit seinen Spielpartnern über die Wiesen. Kindern ist er ein lustiger und geduldiger Spielgefährte – immer vorausgesetzt, dies wurde im Rahmen der Sozialisation gelernt. Schmusen und Kuscheln zählen zu seinen Lieblingsbeschäftigungen, doch er arbeitet auch gerne und zeigt sich dabei sehr eifrig. Neben Hundesport bieten sich Such- und Dummyarbeit an.

Die jagdliche Motivation des lernfreudigen Hundes ist eher gering und lässt sich erzieherisch gut lenken. Draußen und beim Spiel im Garten ist er voller Temperament und sprüht vor Lebensfreude. Im Haus zeigt er dafür seine ruhige Seite als angenehmer, unaufdringlicher Gesellschafter. Trotzdem ist er wachsam, die Bellfreude gilt es in die richtige Bahn zu lenken. Fremde müssen sich die Zuneigung des Kooikers erst verdienen. Dabei hilft manchmal ein leckerer Happen – es heißt, der Kooiker sei verfressen.

Untersuchungen auf folgende Erkrankungen sind für Zuchthunde vorgeschrieben bzw. empfohlen: Hüftgelenksdysplasie, Patella-Luxation, Hereditärer Katarakt und Von-Willebrand-Krankheit (Störung der Blutgerinnung). Vereinzelt tritt Epilepsie auf. Die Fellpflege ist einfach.

APPORTIERHUNDE, STÖBERHUNDE, WASSERHUNDE

Größe: 35–42 cm

Gewicht: 9–14 kg

Lebenserwartung: 13 Jahre +

Fell: mittellang, leicht gewellt oder glatt

Farbe: weiß mit Orange

Kaufpreis: 1 300–1 500 EUR

Erziehung: ♦♦

Beschäftigung: ♦♦♦

Bewegung: ♦♦♦

Pflege: ♦♦

Jagdverhalten: ♦♦

Schutzverhalten: ♦

Wachsamkeit: ♦♦♦

Agility & Co.: ♦♦♦♦♦

Eignung für Stadt: ♦♦♦

HUNDERASSENPORTRÄT **KROMFOHRLÄNDER**

KROMFOHRLÄNDER

Ein vierbeiniger Pfiffikus mittlerer Größe: temperamentvoll, verspielt und anhänglich. Ist sein Mensch bei ihm und bietet ihm genug Beschäftigung, fühlt er sich in einer Großfamilie genauso wohl wie bei einem Single, auf dem Land oder in der Stadt.

GESELLSCHAFTS- UND BEGLEITHUNDE

Größe: 38–46 cm

Gewicht: 9–16 kg

Lebenserwartung: 13 Jahre +

Fell: bis zu 7 cm langes Rauhaar und Glatthaar

Farbe: weiß mit hell-, rot- oder dunkelbraunen Flecken

Kaufpreis: 850–950 EUR

Erziehung:	▲▲▲
Beschäftigung:	▲▲▲▲
Bewegung:	▲▲▲▲
Pflege:	▲▲
Jagdverhalten: mit Ausnahmen	▲▲
Schutzverhalten:	▲▲▲
Wachsamkeit:	▲▲▲▲
Agility & Co.:	▲▲▲▲
Eignung für Stadt:	▲▲▲▲▲

Er gehört einer jungen Hunderasse an, die erst 1955 international anerkannt wurde. Der Ursprung geht auf die Nachkommen einer Liebelei ein Jahrzehnt zuvor zwischen einer Foxterrierhündin und, wie die Rassegeschichte berichtet, eines Griffon Vendeen zurück. Ilse Schleifenbaum aus der Nähe von Siegen nahm die Welpen bei sich auf. Begeistert vom netten Wesen und dem hübschen Aussehen, widmete sie sich fortan deren Zucht, und so entstand der Kromfohrländer, benannt nach einer Gemarkungsbezeichnung ihrer Heimat.

QUIRLIG UND FRÖHLICH

Die gute Laune des Kromfohrländers ist ansteckend und mit seiner Bezugsperson ist er zu jedem Unfug bereit. Spielen, Springen und Toben scheinen seine liebsten Hobbys zu sein, im Haus ist er jedoch ruhig und angenehm und würdigt einen gemütlichen Platz.

Gute Sozialisation und Erziehung sind wie bei allen Rassen wichtig, soll der lebhafte Schelm sich von seiner besten Seite zeigen. Dann kommt er mit Artgenossen prima aus und zeigt sich draußen fremden Zweibeinern gegenüber eher uninteressiert. Junge Kromfohrländer sollten lernen, sich bei Besuch manierlich zu verhalten, da sie mitunter ausgeprägtes territoriales Verhalten zeigen. Als engagierter Wächter meldet er Besucher zuverlässig, neigt aber nicht zum Dauerkläffen. Der Rassestandard beschreibt einen geringen Jagdtrieb, nichtsdestotrotz gibt es immer wieder Kromfohrländerhalter, die dies auch anders erlebt haben.

Als Dispositionen sind Epilepsie, Arthrose schon in jüngeren Jahren und seltener Patella-Luxation, Immunschwäche und Heriditärer Katarakt und Digitale Hyperkeratose (übermäßige Verhornung der Haut) bekannt. Der Zuchtverein hat einige Programme zu deren Eindämmung initiiert. Das Fell beider Haararten ist pflegeleicht.

DAS IST *wirklich* WICHTIG

ER MACHT seinen Zweibeinern die Erziehung meist leicht, lernfreudig und menschenbezogen, wie er ist. Die Herausforderung wird sein, das manchmal zutage tretende Erbe des toughen Foxterriers im Zaum zu halten. Zeigt der Mensch die notwendige Konsequenz und Durchsetzungsfähigkeit, werden beide sicher ein gutes Team.

DER KROMFOHRLÄNDER begeistert sich für jede Beschäftigung, die ihm die Gesellschaft und Zuwendung seines Menschen verspricht, seien es ausgedehnte Spaziergänge, das Mitlaufen am Pferd, Agility und Co., Tricks zu lernen oder Nasenarbeit.

DIE TREUE SEELE schließt sich einem Familienmitglied mit ganzem Herzen an. Ist dieser Bezugspartner abwesend, kann der Kromfohrländer sich auch im größten Trubel alleingelassen fühlen.

Glatthaariger Kromfohrländer [A + C]
Rauhaariger Kromfohrländer [B]

DAS IST *wirklich* WICHTIG

EIN VIERBEINER aus der Verpaarung Labrador x Pudel bietet anders als der Pudel keine Garantie dafür, dass er nicht haart. Soll ein Labradoodle in eine Allergikerfamilie, sollte unbedingt vorher im Labor getestet werden, ob der in Betracht gezogene Hund beim betroffenen Menschen allergische Reaktionen auslöst.

DER LABRADOODLE vereint im besten Fall den „will to please" des Labradors und die schnelle Auffassungsgabe und Intelligenz des Pudels. Das macht ihn zu einem leichtführigen Hund, der gerne und leicht lernt und in der Regel große Arbeitsfreude zeigt.

VERSCHIEDENE GRÖSSEN Neben den Labradoodles in Standardgröße gibt es inzwischen auch Züchtungen mittlerer (ca. 48 cm) und kleiner Größe (ca. 40 cm), mit Klein- bzw. Zwergpudel.

Labradoodle in kleiner Größe [A + C]
Labradoodle in Standardgröße [B]

[A]

[B]

[C]

HUNDERASSENPORTRÄT **LABRADOODLE**

LABRADOODLE

Er ist der bekannteste der sogenannten Designerhunde und einer der aktuell angesagten Vierbeiner. Die Ausgangsrassen sind Großpudel und Labrador Retriever. Beide sind prima Familienhunde, entsprechend bringt auch der Labradoodle gute Voraussetzungen dafür mit.

Der Labradoodle wurde Ende des 20. Jahrhunderts erstmals in Australien gezüchtet, das Ziel war ein nicht haarender Blindenführhund, der auch für Allergiker geeignet ist. Der Name setzt sich zusammen aus „Labrador" und „Poodle", dem englischen Wort für „Pudel". Wer sich für diese Neuzüchtung interessiert, sollte seine Kenntnisse in Sachen Vererbungslehre auffrischen: So gibt es die F1-Generation, deren Eltern Labrador und Pudel sind, und verschiedene Möglichkeiten, deren Nachkommen weiterzuzüchten.

AKTIV UND FRÖHLICH
Der Labradoodle ist ein guter Familien- und Begleithund, benötigt aber wie alle Hunde eine gute Sozialisation und hundgerechte Erziehung – dann ist er dank seiner Verspieltheit auch ein toller Hund im turbulenten Kinderhaushalt. Die Erziehung macht er seinen Menschen leicht, zeigt er sich in der Hundeschule doch oft als richtiger Streber. Beschäftigung und Kopfarbeit sind unerlässlich: Dafür bieten sich Hundesport, Apportieren und Nasenarbeit an. Er ist genau richtig für aktive und sportliche Menschen, die einen temperamentvollen Gefährten schätzen.

Designerhunde sind keine anerkannten Rassen und als „Mischlinge" nicht zwangsläufig gesünder als die Ausgangsrassen, vor allem weil es auch hier unseriöse Hundevermehrer gibt. Kaufen Sie nur bei einem Züchter, der die Elterntiere nachweislich auf die für die Rasse bekannten Krankheiten untersuchen lässt (zum Beispiel Hüftgelenks- und Ellenbogendysplasie), die Welpen nach hohen Standards aufzieht und größten Wert auf Familienanschluss und Gesundheit seiner Tiere legt.

KEINE OFFIZIELLE RASSEANERKENNUNG

Größe: 50 – 65 cm, auch größer

Gewicht: 25 – 40 kg

Lebenserwartung: 12 Jahre +

Fell: mittellang und gelockt, wellig, glatt- oder rauhaarig, F1 nicht ohne Unterwolle

Farbe: verschiedene Farben, F1 nicht gescheckt

Kaufpreis: ca. 1 000 –1 650 EUR

Erziehung:

Beschäftigung:

Bewegung:

Pflege: variiert je nach Felllänge

Jagdverhalten:

Schutzverhalten:

Wachsamkeit:

Agility & Co.:

Eignung für Stadt:

HUNDERASSENPORTRÄT **LABRADOR RETRIEVER**

LABRADOR RETRIEVER

Wer sich einen echten Kumpel und zuverlässigen Gefährten wünscht, der sollte beim Labrador genauer hinschauen. Nicht selten ist es dann Liebe auf den ersten Blick. Doch lassen Sie sich nicht täuschen, hinter seiner kräftigen Erscheinung verbirgt sich ein äußerst lebhafter Hund.

APPORTIERHUNDE, STÖBERHUNDE, WASSERHUNDE

Größe: 54–57 cm

Gewicht: ca. 28–40 kg

Lebenserwartung: 12 Jahre +

Fell: kurz und dicht mit wetterbeständiger Unterwolle, fühlt sich hart an

Farbe: einfarbig schwarz, gelb oder leber/schokobraun

Kaufpreis: ab ca. 1 300 €

Erziehung:

Beschäftigung:

Bewegung:

Pflege:

Jagdverhalten:

Schutzverhalten:

Wachsamkeit:

Agility & Co.:

Eignung für Stadt:

Der kompakte Hund geht vermutlich wie alle Retriever auf den früher auf Neufundland lebenden St.-John's-Hund zurück, einen wasserfreudigen und robusten Vierbeiner. Die gezielte Zucht lässt sich bis ins England des 19. Jahrhunderts zurückverfolgen. Vor allem dort ist der Labrador noch immer ein geschätzter und vielseitiger Jagdgefährte, der nicht nur leidenschaftlich apportiert. Seine zahlreichen Talente lassen ihn auch in anderen Bereichen brillieren: So ist er ein geschätzter Rettungs-, Therapie-, Assistenz- und Blindenführhund, ein hervorragender Spürhund und nicht zuletzt ein weltweit beliebter Familienhund, bei uns unter den fünf häufigsten Rassen.

FRÖHLICHES ENERGIEBÜNDEL
Der Ruf, ein familienfreundlicher und besonders leichtführiger Hund zu sein, eilt ihm voraus. Dazu tragen seine Anpassungsfähigkeit, seine Nervenstärke und der rassetypische „will to please" bei. Natürlich geht es bei einem so kräftigen Hund nicht ohne Erziehung. Denn der agile Vierbeiner besitzt reichlich Power und die Rasse allein garantiert trotz bester Voraussetzungen keinen angenehmen Gefährten. Unerzogen und ungebremst kann der temperamentvolle und nicht immer zurückhaltende Labrador anstrengend sein. Achten Sie in den ersten zwei Jahren auf gutes Sozialverhalten und hundegerechte Erziehung, damit seine Power positiv gelenkt wird. Und Sie werden einen Hund an Ihrer Seite haben, der Sie mit Stolz erfüllt und zuverlässig Freilauf genießen kann.

Zuchthunde werden auf Hüftgelenks- und Ellenbogendysplasie sowie erbliche Augenerkrankungen untersucht, die Untersuchung auf erbliche Myopathie (Erkrankung der Skelettmuskulatur) wird empfohlen. Weiterhin können z. B. Osteochondrosis (Störung der Skelettentwicklung) und Epilepsie auftreten. Wählen Sie den Züchter sorgfältig aus.

DAS IST
wirklich
WICHTIG

SEINE JAGDHUNDVORFAHREN kann der Familienlabrador nicht verleugnen, auch wenn sich Arbeits- und Showlinien nicht nur äußerlich voneinander unterscheiden. Entsprechend groß ist sein Arbeitswille und seine Jobs erledigt er freudig, voller Eifer und zuverlässig. Doch sein Jagdverhalten lässt sich managen. Unterbeschäftigt kann er hingegend anstrengend sein.

ZUR BESCHÄFTIGUNG sind zusätzlich zu ausgiebigen Spaziergängen Dummyarbeit und andere Suchaufgaben erste Wahl. Wasser, ob in Seen, Bachläufen oder schlammigen Pfützen, zieht ihn magisch an.

DAS SPIEL des kräftigen Retrievers ist sehr körperbetont und nicht immer sanft. Seine reichlich vorhandene Energie rücksichtsvoll einzusetzen, muss mancher Labrador erst noch lernen.

DAS IST *wirklich* WICHTIG

DER LAGOTTO hat Spaß am Lernen, begreift schnell und lässt sich auch im Alltag leicht lenken. Seine jagdliche Motivation ist in der Regel gering, was beim gut erzogenen Hund entspannten Freilauf möglich macht – ideal auch für Menschen, die sich erstmals auf das Abenteuer Hund einlassen.

LEBHAFT UND AUFGEWECKT wie der kleine Italiener ist, braucht er natürlich auch Bewegung und Beschäftigung, fordert dies aber in einem durchschnittlichen Maß. Ideal sind Suchaufgaben, auch beim Hundesport kann er prima mithalten.

EIN PLUS des Lagottos ist sein hübsches Fell mit der lockigen Pracht. Weil es nicht haart, kann der fröhliche Vierbeiner damit auch für viele Allergiker den Traum vom eigenen Hund wahr werden lassen.

LAGOTTO ROMAGNOLO

Diesen Namen sollten Sie sich merken, denn vom Lagotto werden Sie künftig noch häufiger hören, wenn Sie auf Hundesuche sind. Der kleine Italiener mit dem Lockenfell wird als Begleithund immer beliebter und ist einer der Shootingstars der Hundeszene.

Er ist eine alte Rasse der Wasserhunde, die in den sumpfigen Talgründen von Comacchio und in den Lagunen der Region Romagna bei der Jagd auf Wasservögel für ihre ausdauernde Suche und ihr zuverlässiges Apportieren geschätzt wurden. Mit der Trockenlegung der Sümpfe schien er zunächst arbeitslos. Doch sein hervorragender Geruchssinn sollte nicht ungenutzt bleiben, und so folgte eine „Umschulung" zum Trüffelsuchhund. Auch heute noch ist er der ungeschlagene Meister bei der Suche nach den kulinarischen Kostbarkeiten, zunehmend festigt er jedoch seinen Ruf als idealer Familienhund.

GUTE-LAUNE-HUND
Am liebsten will er immer mit seinen Zweibeinern zusammen sein. Und mit der entsprechenden Erziehung spricht auch nichts dagegen, ist der Lagotto doch ein angenehmer Begleiter, ob im Feld, im Wald oder in der Stadt. In der Wohnung ist er ruhig und unauffällig, nutzt aber jede sich bietende Schmusegelegenheit. Kindern ist er ein prima Spielkamerad, geduldig, albern und hingebungsvoll. Seinen Job als Hauswächter nimmt er ernst – unbemerkt kommt niemand rein. Dabei ist er aber nicht aggressiv, denn das hat der clevere Vierbeiner gar nicht nötig. Mit seinem kecken und pfiffigen Verhalten schafft er es auch so, seine Menschen ganz leicht um die Pfote zu wickeln. Diesem kleinen „Lausbuben" konsequent die Grenzen zu zeigen, ohne dabei über ihn zu lachen – fällt nicht immer leicht.

Zuchthunde werden auf Hüftgelenksdysplasie, juvenile Epilepsie und Katarakt untersucht, die Untersuchung auf Patella-Luxation wird empfohlen. Das Fell sollte zwei- bis dreimal jährlich geschoren werden, zu lang neigt es zum Verfilzen. Ansonsten ist gründliches Bürsten einmal pro Woche ausreichend.

APPORTIERHUNDE, STÖBERHUNDE, WASSERHUNDE

Größe: 41 – 48 cm

Gewicht: 11 – 16 kg

Lebenserwartung: 13 Jahre +

Fell: wollig und lockig

Farbe: unrein weiß einfarbig oder mit Flecken, einfarbig braun oder orange, braunschimmel

Kaufpreis: ca. 1500 EUR

Erziehung:	🐾🐾🐾
Beschäftigung:	🐾🐾🐾🐾
Bewegung:	🐾🐾🐾
Pflege: variiert je nach Felllänge	🐾🐾🐾🐾
Jagdverhalten:	🐾🐾
Schutzverhalten:	🐾🐾
Wachsamkeit:	🐾🐾🐾🐾
Agility & Co.:	🐾🐾🐾🐾🐾
Eignung für Stadt:	🐾🐾🐾🐾

HUNDERASSENPORTRÄT **MAGYAR VIZSLA**

MAGYAR VIZSLA

Seine elegante Erscheinung führt regelmäßig zu verklärten Blicken bei Hundebegeisterten. Bei aller Verzückung, der Vizsla ist viel mehr als schön: Er ist ein vielseitiger und ausdauernder Jagdhund, mit allen Vorzügen und Herausforderungen, die das mit sich bringt.

Er geht auf Hunde zurück, die mit der Völkerwanderung in das Karpatenbecken im heutigen Ungarn gelangten. Die Einkreuzung einer inzwischen ausgestorbenen türkischen Jagdhunderasse brachte seine Farbe ins Spiel. Später mischten noch Laufhunde mit, zuletzt bei der kurzhaarigen Variante Pointer und Deutsch Kurzhaar beziehungsweise Deutsch Drahthaar bei der drahthaarigen. Und mit diesem Gencocktail ist der Vizsla als Jagdhund ausgesprochen vielseitig, beweist sich im Wald genauso wie auf Feld und Wiese, glänzt mit seiner Wasserfreude und unterstützt den Jäger in fast allen Bereichen.

EIN PFUNDSKERL

Der gut sozialisierte Vizsla ist ein freundlicher und fröhlicher Hund, ausgestattet mit scheinbar unendlicher Energie, deren richtige Dosierung er beim Toben mit seinen Menschen manchmal noch lernen muss. Seine Lebensfreude und sein Übermut sind ansteckend. Dabei lernt er leicht, ist eifrig bei der Sache und bei sensibler, konsequenter Führung sehr menschenbezogen. Kein Wunder, dass immer mehr Menschen den Vizsla für sich als Familienhund entdecken. Er verträgt es, wenn es mit den Kindern einmal wilder zugeht und ist ein anhänglicher, verschmuster Hausgenosse.

Dies alles kann er jedoch nur leisten, wenn er seinem großen Temperament und seinen Bedürfnissen entsprechend ausgelastet ist. Gerade die Lebhaftigkeit des jungen Hundes kann eine sehr große Herausforderung sein. Ein unterbeschäftigter Vizsla ist für alle Beteiligten anstrengend und mehr Belastung denn Bereicherung. Und das hat dieser tolle Hund nicht verdient, wo er seinen Menschen doch so viel geben kann. Gesundheitlich ist der Jagdhund aus Ungarn eine robuste Rasse mit pflegeleichtem Fell, Zuchthunde werden auf Augenerkrankungen und Hüftgelenksdysplasie untersucht. Das kurze Fell ist pflegeleicht.

VORSTEHHUNDE

Größe: 54–64 cm

Gewicht: 19–32 kg

Lebenserwartung: 13 Jahre +

Fell: kurz, hart, dicht oder drahthaarig mit 2–3 cm langem Deckhaar

Farbe: semmelgelb in verschiedenen Abstufen

Kaufpreis: 800–1 500 EUR

Erziehung: ●●● ○○

Beschäftigung: ●●●●●

Bewegung: ●●●●●

Pflege: ● ○○○○

Jagdverhalten: ●●●●●

Schutzverhalten: ●●● ○○

Wachsamkeit: ●●● ○○

Agility & Co.: ●●●●●

Eignung für Stadt: ● ○○○○

DAS IST *wirklich* WICHTIG

SPAZIERGÄNGE lasten einen Vizsla nicht genug aus, auch wenn sie noch so ausgedehnt sind. Der Jagdhund braucht als Familienhund zusätzlich eine adäquate Ersatzbeschäftigung, am besten als Fährten- oder Rettungshund. Anspruchsvolles Dummytraining ist auch möglich, genau wie Hundesport, wenn dabei nicht nur Kondition, sondern auch Köpfchen gefragt ist.

KONSEQUENTE ERZIEHUNG ist bei einem Hund mit dieser Größe und Kraft ein Muss, darf aber nicht verwechselt werden mit Härte. Gibt der Hundehalter feinfühlig einen Rahmen vor, schließt der Vizsla sich ihm eng an.

JAGDLICH ist er hoch motiviert. Frühzeitig muss der Vizsla lernen, sich an seinem Menschen zu orientieren, statt jeder Fährte nachzugehen.

DAS IST *wirklich* WICHTIG

DIE FELLPFLEGE darf nicht unterschätzt werden und sollte dem Halter wirklich Freude machen. Das seidige Fell benötigt täglich Aufmerksamkeit – die Zeit muss sein! Wird die Haarpracht vernachlässigt, verknotet sie leicht – darunter leidet nicht nur die Haut. Gekürzt ist das Fell pflegeleichter.

DIE ERZIEHUNG ist nicht schwer, der kleine weiße Vierbeiner lernt schnell. Das Schwierigste wird es wohl sein, ihm nicht alles durchgehen zu lassen und dort einen Rahmen vorzugeben, wo es nötig ist. Sonst lässt er die Zweibeiner nach seiner Pfeife tanzen.

VERWÖHNEN IST OKAY, doch süße Hündchen verleiten ihre Menschen dazu, sie über die Maßen zu verhätscheln. Auch der Malteser ist ein Hund: Er möchte spazieren gehen, Artgenossen treffen und spielen.

HUNDERASSENPORTRÄT **MALTESER**

MALTESER

Er war einst Luxushündchen der besseren Kreise und ist auch heute noch ein unterhaltsamer und anpassungsfähiger Gesellschafter. Wer Fellpflege zu seinem Hobby macht und kleine Hunde mag, wird an ihm seine wahre Freude haben.

Er zählt zu den Bichons, den kleinen Schoßhunden des Mittelmeerraums. Ihre Geschichte geht bis in die Antike zurück, doch die genaue Herkunft lässt sich nicht mehr bestimmen. So auch beim Malteser. Die Reinzucht war zwar von Malta ausgehend, doch die Insel ist nicht namensgebend und sein wahrer Ursprung liegt im Dunkeln. Als Gesellschaftshunde waren die kleinen Hündchen beliebt bei den feinen Damen der gehobenen Kreise.

ANHÄNGLICH UND LEBHAFT

Was den Malteser neben seiner Lebensfreude wohl am meisten auszeichnet, ist seine Menschenbezogenheit. Auch heute noch ist er ein idealer Gesellschaftshund, der am liebsten immer in der Nähe seines Menschen ist und sich allen Situationen anpassen kann. Ob sein Mensch ein Langschläfer oder ein Frühaufsteher ist – er macht mit. Und er liebt es genauso, mit der Großmutter auf dem Sofa zu kuscheln, wie mit den Kindern zu spielen. Dabei sollte bei einem so vermeintlich zerbrechlichen Hund aber darauf geachtet werden, dass nicht grob mit ihm umgegangen wird. Das gilt auch für größere Artgenossen und kann während der Sozialisierung und im Alltag, wie bei allen sehr kleinen Hunden, zur Herausforderung werden. Da ist es nicht immer leicht, den richtigen Grad zwischen hundegerechter Behandlung und Fürsorge zu treffen.

Zuchthunde werden auf Patella-Luxation untersucht. Die Fellpflege ist aufwendig, tägliches Kämmen und Bürsten gehören dazu. Wird das Haar nicht gekürzt und wächst lang, muss es alle ein bis zwei Wochen gebadet werden. Auch die Augen sollten täglich gepflegt werden. Trotzdem will der Malteser wie seine Artgenossen auch draußen toben und spielen dürfen: Ein Hund ist nicht auf der Welt, um immer sauber zu sein.

GESELLSCHAFTS- UND BEGLEITHUNDE

Größe: 20–25 cm

Gewicht: 3–4 kg

Lebenserwartung: 12 Jahre +

Fell: dicht, lang und seidig, keine Unterwolle

Farbe: weiß, blasse Elfenbeintönung ist zulässig

Kaufpreis: ab 1 200 EUR

Erziehung: 🐕🐕

Beschäftigung: 🐕🐕

Bewegung: 🐕🐕🐕

Pflege: 🐕🐕🐕🐕🐕

Jagdverhalten: 🐕

Schutzverhalten: 🐕

Wachsamkeit: 🐕🐕🐕

Agility & Co.: 🐕🐕

Eignung für Stadt: 🐕🐕🐕🐕🐕

HUNDERASSENPORTRÄT **MOPS**

MOPS

Der Mops ist ein Charakterhund mit Gutelaunefaktor. Äußerst anpassungsfähig, schätzt er das Landleben mit Querfeldein-Spaziergängen und Wiesentobereien genauso wie das Leben in der City als angenehmer Begleiter beim Stadtbummel oder bei Touren durch den Park.

Sein Ursprung liegt vermutlich in China, wo er einst in den Palästen ein Luxusleben mit eigenem Personal führte. Etwa um das 16. Jahrhundert nach Europa eingeführt, war der kleine doggenartige Hund auch hier häufig in adeligen und wohlhabenden Kreisen anzutreffen. Nachdem der Mops etwas in Vergessenheit geraten war, erlebt er seit einigen Jahren eine Renaissance und bezirzt mit seinem lustigen Wesen und seinen Kulleraugen immer mehr Hundefreunde: Mops ist wieder „in".

CHARMANT UND KECK

Der kleine Hund hat eine starke Persönlichkeit. Mit Geduld und liebevoller Konsequenz lernt er gern, seinen Eigensinn kann er aber nicht immer verbergen. Doch genau das ist es, was einen Mopshalter an seinem vierbeinigen Freund begeistert. Sein robuster Körperbau macht den gut sozialisierten Mops zu einem guten Kinderkumpel, der dann auch mit Artgenossen prima auskommt. Ein großes Plus: Er zeigt in der Regel kaum jagdliche Tendenz und ist daher auch beim Freilauf leicht kontrollierbar – sofern gut erzogen.

Der Mops ist in Mode, wählen Sie den Züchter daher besonders sorgfältig. Denn bei dieser eigentlich aktiven und lebenslustigen Rasse gibt es einige Dispositionen, die zu Erkrankungen oder Beschwerden führen können, zum Beispiel Verengungen und/oder Missbildungen in Nase oder Rachen mit Atemproblemen als Folge, Erkrankungen der Wirbelsäule, Infektionsanfälligkeit der faltigen Haut und Herzerkrankungen, relativ oft können die Welpen nur per Kaiserschnitt entbunden werden. Kaufen Sie Mopswelpen nur dort, wo dem Züchter die Gesundheit, Fitness und Belastbarkeit seiner Tiere besonders wichtig ist. Zuchthunde im VDH werden auf Patella-Luxation untersucht und müssen einen Belastungstest vorweisen. Das kurze Fell ist pflegeleicht, haart mitunter aber stark. Augen und Gesichtsfalten sollten täglich kontrolliert werden.

GESELLSCHAFTS- UND BEGLEITHUNDE

Größe: bis 32 cm

Gewicht: Idealgewicht 6,3 – 8,1 kg

Lebenserwartung: 12 Jahre +

Fell: kurz und dicht

Farbe: silber, apricot oder hellfalb, jeweils mit schwarzer Maske, schwarz

Kaufpreis: ca. 1 300 – 1 500 EUR

Erziehung:	🐕🐕🐕
Beschäftigung:	🐕🐕🐕
Bewegung:	🐕🐕🐕
Pflege:	🐕🐕
Jagdverhalten:	🐕
Schutzverhalten:	🐕
Wachsamkeit:	🐕
Agility & Co.:	🐕
Eignung für Stadt:	🐕🐕🐕🐕🐕

DAS IST *wirklich* WICHTIG

BEWEGUNG ist für den lebenslustigen Mops wichtig – auch er will tun, was ein Hund tun muss. Überfordert werden darf er aber nicht – vor allem nicht bei Hitze, denn dann besteht erhöhte Gefahr für einen Kollaps.

BEI HÖHEREN Umgebungstemperaturen sind die quirligen Vierbeiner nicht ausdauernd und dürfen körperlich nur dosiert gefordert werden – oft muss ihre Lebhaftigkeit sogar gebremst werden.

DIE ERZIEHUNG ist einfach, denn der Mops ist ein cleverer Hund. Er weiß genau, wie er seine Menschen charmant in seinem Sinne erzieht. Daher sollte der Zweibeiner schon etwas Konsequenz und Standhaftigkeit gegenüber dem kecken Hausgenossen mitbringen.

DAS IST *wirklich* WICHTIG

DER NEUFUNDLÄNDER ist ein temperamentvoller Hund, der für seine Statur und sein Gewicht erstaunlich schnell sein kann. Trotzdem ist er nicht der ideale Hund für Aktivitäten wie Agility und Co. Perfekte Sportarten für ihn sind das Training als Wasserrettungshund und Zugarbeit.

KONSEQUENZ und liebevolle Durchsetzungsfähigkeit sind genau die richtigen Mittel, ihn zu lenken. Zackigen Gehorsam darf man von ihm trotzdem nicht erwarten, denn manchmal braucht er Zeit, bis er sich entschließt, das Gewünschte zu tun.

IM WACHSTUM stellen große Hunde höhere Anforderungen an ihre Menschen als kleine Artgenossen. Besonderes Augenmerk gilt der richtigen Ernährung und angemessenen Bewegung. Bei beidem gilt: Weniger ist mehr.

NEUFUNDLÄNDER

Er scheint Ruhe und Gemütlichkeit gepachtet zu haben, dies suggeriert zumindest seine plüschige, bärige Erscheinung. Doch von einem behäbigen Hund ist ein Neufundländer weit entfernt – er überrascht mit seinem Temperament und seiner Sportlichkeit.

Der stattliche Hund kommt von der vor Kanada gelegenen Insel Neufundland. Bei den Fischern und Robbenjägern machte er sich nützlich, wo er gebraucht wurde: Er zog Karren, Schlitten und Boote, half die Netze auszulegen und einzuholen und rettete Menschen vor dem Ertrinken. Wasser zieht ihn heute noch magisch an, er ist ein guter und ausdauernder Schwimmer. Kälte und Nässe können ihm nichts anhaben, Hitze macht ihm jedoch schnell zu schaffen. Sein Bewegungsbedürfnis ist nicht ausgesprochen hoch: Tägliche Spaziergänge sind wichtig, Gewaltmärsche braucht er nicht.

EINE ORDENTLICHE PORTION HUND

Er ist ein starker Hund und braucht einen Menschen, der seine Energie in die richtigen Bahnen lenken und ihn auch an der Leine sicher führen kann. Kraft und Temperament des Rüden wachsen manchem Halter über den Kopf, vor allem in der Zeit von der Pubertät, bis der Halbstarke mit etwa drei Jahren erwachsen ist. Hündinnen sind da etwas führiger. Lernen fällt dem Neufundländer nicht schwer, er kann aber manchmal einen Dickkopf haben. In der Familie ist er, gut sozialisiert und erzogen, ein angenehmer Gefährte, anhänglich, verschmust und ruhig, trotzdem gerne zu einer Toberei aufgelegt und geduldig mit den Kindern. Ein Garten gehört dazu, damit er sich rundum wohlfühlt. Treppen sollte er nicht zu viele steigen müssen, und ihn alleine zu tragen, ist fast unmöglich.

Zuchthunde werden auf Hüftgelenks- und Ellenbogendysplasie, angeborene Herzfehler und Cystinurie (Stoffwechselstörung mit Harnsteinbildung) untersucht. Weitere Rassedispositionen bestehen für Entropium (nach innen gedrehtes Augenlid), Ektropium (nach außen gedrehtes Augenlid) und Bänderriss. Die Fellpflege ist aufwendig, dazu gehören Bürsten und Kämmen ein- oder zweimal pro Woche. Im Unterhalt ist so ein großer, schwerer Hund natürlich kostenintensiver als ein kleiner.

PINSCHER UND SCHNAUZER, MOLOSSOIDE, SCHWEIZER SENNENHUNDE

Größe: 66–71 cm

Gewicht: ca. 54–68 kg

Lebenserwartung: 10 Jahre +

Fell: wasserundurchlässiges Stockhaar, mäßig langes Deckhaar mit dichter weicher Unterwolle

Farbe: schwarz, weiß-schwarz, braun

Kaufpreis: 1 200–1 500 EUR

Erziehung: 🐾🐾🐾
Beschäftigung: 🐾🐾
Bewegung: 🐾🐾
Pflege: 🐾🐾🐾🐾
Jagdverhalten: 🐾
Schutzverhalten: 🐾🐾
Wachsamkeit: 🐾🐾
Agility & Co.: 🐾
Eignung für Stadt: 🐾🐾

HUNDERASSENPORTRÄT **PAPILLON**

PAPILLON

Der Allrounder mit den Schmetterlingsohren kuschelt genauso gerne, wie er spielt. Sportliche Anforderungen meistert er mit Bravour, dabei ist er anhänglich, clever und lernfreudig. Wer einen kleinen Hund sucht, wird an ihm seine wahre Freude haben.

GESELLSCHAFTS- UND BEGLEITHUNDE

Größe: ca. 28 cm

Gewicht in zwei Kategorien: 1,5 bis weniger als 2,5 kg, 2,5 – 5 kg

Lebenserwartung: 13 Jahre +

Fell: feines, reichliches Haar ohne Unterwolle

Farbe: alle Farben auf weißem Grund

Kaufpreis: 1 000 – 1 200 EUR

Erziehung:	▲▲
Beschäftigung:	▲▲▲
Bewegung:	▲▲▲
Pflege:	▲▲▲
Jagdverhalten:	▲▲
Schutzverhalten:	▲▲
Wachsamkeit:	▲▲▲▲
Agility & Co.:	▲▲▲▲▲
Eignung für Stadt:	▲▲▲▲▲

Der kleine Franzose heißt laut Standard „Kontinentaler Zwergspaniel" und ist eine der beiden Varietäten. „Papillon" bedeutet im Französischen „Schmetterling", ein Blick auf die Stehohren zeigt, warum er diesen Namen hat. Die seltenere Varietät heißt „Phalène" („Nachtfalter"). Zwergspaniels waren beliebte Schoßhündchen der Damen des Adels und können auf eine lange Geschichte zurückblicken, die vermutlich um einiges weiter als 800 Jahre zurückreicht, wie Abbildungen des Phalène auf Ölbildern und Fresken zeigen, der Papillon ist etwas jünger.

UNTERNEHMUNGSLUSTIGER ZWERG

Das Schmetterlingshündchen ist quirlig und temperamentvoll. Bei ausgedehnten Spaziergängen kann es prima mithalten und beim Mini-Agility ist es ein richtiger Star. Trotzdem fühlt es sich auch in einer kleinen Stadtwohnung wohl, wenn es genug Bewegung und Beschäftigung bekommt, quengelt aber auch nicht, wenn es mal etwas gemütlicher zugeht.

Die Erziehung ist eine wahre Freude, ist der Papillon doch mit Eifer bei der Sache, setzt das Erlernte schnell um, und freut sich über jegliche Zuwendung seines Menschen. So leichtführig er auch ist, Konsequenz muss sein Halter trotzdem zeigen, will er sich von dem cleveren Kerlchen nicht einwickeln lassen. Zudem neigt der Papillon sonst dazu, bei jeder Kleinigkeit lautstark seine Meinung kundzutun. Beim Spaziergang sollte der pfiffige Zwerg keinen zu großen Radius haben, damit er von einer verlockenden Fährte noch abgerufen werden kann.

Je nach Verein werden Zuchthunde auf Progressive Retina Atrophie und Patella-Luxation untersucht, selten treten Epilepsie oder Herzerkrankungen auf. Das Fell wird zwei- bis dreimal pro Woche gekämmt und gebürstet.

Erwachsener Papillon [A + C]
Papillonwelpe [B]

DAS IST *wirklich* WICHTIG

DIE SCHMETTERLINGSHÜNDCHEN sind empfindsam und können sich gut auf die Stimmungen ihrer Menschen einstellen. Gibt es Versäumnisse in der Sozialisation, insbesondere fehlenden Kontakt zu Menschen, können sie jedoch scheu und ängstlich bleiben – daher müssen sie schon beim Züchter das Familienleben kennenlernen.

KINDER sollten über drei Jahre oder älter sein, damit sie den kleinen Hund nicht mit einem Spielzeug verwechseln und ihn nicht zu grob behandeln. Dann können sie viel Spaß miteinander haben und gute Freunde werden.

SEIN MITTLERES Bewegungs- und Beschäftigungsbedürfnis macht ihn zu einem guten Gefährten für Menschen in unterschiedlichsten Lebenssituationen, auch für Senioren.

[A]

[B]

DAS IST *wirklich* WICHTIG

AGILITY UND FÄHRTENARBEIT machen Groß und Klein Spaß. Der Pinscher ist ein Ausdauerhund – ein idealer Gefährte am Fahrrad oder Pferd. Auch der quirlige Zwerg hat viel Ausdauer. Spielen und Toben zählen zu seinen liebsten Hobbys, beim Hundesport zeigt er mehr Arbeitsfreude als sein großer Kollege.

BEIDE RASSEN lernen leicht und schnell. Während der Pinscher aber stets seine Eigenständigkeit behält, zeigt sich der Zwerg kooperativer. Einfühlsame, aber äußerst konsequente Erziehung ist bei beiden ein Muss für harmonisches Miteinander.

ÄUSSERST WACHSAM sind beide. Fremde werden zuverlässig gemeldet und nur eingelassen, wenn der Mensch sein okay gibt. Der Zwergpinscher muss gebremst werden, damit er sich nicht zum Kläffer entwickelt.

Zwergpinscher [A]
Deutscher Pinscher [B + C]

[C]

HUNDERASSENPORTRÄT **PINSCHER UND ZWERGPINSCHER**

PINSCHER UND ZWERGPINSCHER

Sowohl der Deutsche Pinscher als auch sein kleines Ebenbild sind lebhafte Vierbeiner, dazu wachsam und ausgestattet mit einer ordentlichen Portion Persönlichkeit – ideale Gefährten für Hundefreunde, die diese Eigenschaften zu schätzen und zu handeln wissen.

Beides sind alte Rassen, die gemeinsame Vorfahren mit Schnauzer und Zwergschnauzer haben. Der Pinscher bewies sich als überaus talentierter Ratten- und Mäusefänger in den Stallungen der Bauern- und Fuhrleute und hat mit seiner Wachsamkeit so manchen Langfinger in die Flucht geschlagen hat. Der Zwergpinscher mit seiner zarten Erscheinung war früher eher als Schoßhund der feinen Gesellschaft beliebt.

TEMPERAMENTVOLL UND AUFMERKSAM

Groß und Klein fühlen sich in der Familie wohl, suchen sich aber einen Menschen aus, dem sie ihr ganzes Vertrauen schenken – und mit diesem sind sie am liebsten immer zusammen. Gut sozialisiert und erzogen, zeigen sie sich als gute Begleithunde, die auch mit Artgenossen verträglich sind. Kinder sollten etwas älter sein, denn der reaktionsschnelle Pinscher ist nicht sehr geduldig, wenn er geärgert wird.

Die Eigenständigkeit zeigt sich beim Pinscher an seiner Neugier. Beim Spaziergang hat er einen großen Radius, verliert seinen Menschen aber nicht aus den Augen. Er lässt sich leichter ablenken, kann sich dafür aber auch eher allein beschäftigen als der Zwerg, der mehr auf seine Menschen eingeht. Beim Jagdverhalten gibt es eine große Bandbreite. Bewegung und Beschäftigung lieben beide, fordern das aber nicht ein, wenn es mal ruhiger zugeht. Der Zwerg fühlt sich auch in einer kleinen Wohnung wohl, wenn er engen Kontakt zu seinen Menschen hat. So ist er auch ein idealer Begleiter für betagtere Hundefreunde.

Zuchthunde beider Rassen werden auf erbliche Augenerkrankungen untersucht, der Deutsche Pinscher auch auf Hüftgelenkdysplasie und Von-Willebrand-Krankheit (Störung der Blutgerinnung), zudem kann beim Zwergpinscher Patella-Luxation auftreten. Das kurze Fell ist sehr pflegeleicht.

PINSCHER UND SCHNAUZER, MOLOSSOIDE – SCHWEIZER SENNENHUNDE UND ANDERE RASSEN

Größe:
DP 45–50 cm; ZwP 25–30 cm

Gewicht: DP 14–20 kg; ZwP 4–6 kg

Lebenserwartung:
DP 13 Jahre +; ZwP 14 Jahre +

Fell: kurz, dicht und glatt

Farbe: rot; schwarz mit roten Abzeichen

Kaufpreis: DP 850–1500 EUR, ZwP 650–950 EUR

Erziehung:
Deutscher Pinscher 🐕🐕🐕🐕
Zwergpinscher 🐕

Beschäftigung: 🐕🐕🐕

Bewegung:
Deutscher Pinscher 🐕🐕🐕🐕
Zwergpinscher 🐕🐕🐕🐕

Pflege: 🐕

Jagdverhalten:
Deutscher Pinscher 🐕🐕🐕
Zwergpinscher 🐕🐕

Schutzverhalten:
Deutscher Pinscher 🐕🐕🐕🐕
Zwergpinscher 🐕🐕

Wachsamkeit: 🐕🐕🐕🐕🐕

Agility & Co.:
Deutscher Pinscher 🐕🐕🐕🐕
Zwergpinscher 🐕🐕🐕🐕🐕

Eignung für Stadt:
Deutscher Pinscher 🐕🐕🐕
Zwergpinscher 🐕🐕🐕🐕🐕

HUNDERASSENPORTRÄT **PUDEL**

PUDEL

GESELLSCHAFTS- UND BEGLEITHUNDE

Größe: über 24 – 62 cm

Gewicht: ab ca. 3 – 35 kg je nach Größe

Lebenserwartung: 10 Jahre +, Zwerg- und Kleinpudel 13 Jahre +

Fell: fein, dicht und wollig, gelockt oder Schüre bildend (seltener)

Farbe: einfarbig schwarz, weiß, braun, grau, apricot, rotfalb; in Deutschland auch schwarz-loh, schwarz-weiß (Neufarben)

Kaufpreis: 750 – 2 000 EUR

Erziehung:

Beschäftigung:
Groß-, Klein- und Zwergpudel
Toypudel

Bewegung:
Großpudel
Klein- und Zwergpudel
Toypudel

Pflege:
bei kurzem Fell auch geringer

Jagdverhalten:

Schutzverhalten:

Wachsamkeit:

Agility & Co.:

Eignung für Stadt:
je nach Größe

Der Pudel hat alles zu bieten, was ein künftiger Hundehalter sich wünschen kann: Er ist klug, lernfreudig, lebhaft, verspielt, seinen Menschen innig zugetan und es gibt den eleganten Lockenkopf in vier Größen. Ein weiteres Plus: Er haart nicht.

Hunde seines Typs gab es bereits in der Antike. Vermutlich geht der Pudel auf den Wasserhund zurück, der Enten und Co. für den Jäger apportiert. Im Ursprung ein Jagdhund, wurde er zu einem der bevorzugten Hunde der Damen der gehobenen Gesellschaft. Es folgte ein Ausflug ins Showbusiness, wo er sich einen Ruf als Zirkushund machte, bevor er zum populären Begleithund avancierte. Nach einem kleinen „Karriereknick" wird der Pudel heute als vierbeiniges Familienmitglied geschätzt, vor allem Hundekenner loben seine zahlreichen guten Eigenschaften.

EIN HUND FÜR ALLE FÄLLE

Ausreichend Zeit vorausgesetzt, gibt es kaum eine Lebenssituation, auf die sich der vielseitige, anpassungsfähige und menschenbezogene Pudel nicht einstellen kann. Gute Erziehung und Sozialisation vorausgesetzt, ist er Kindern ein lustiger und ausdauernder Spielkamerad. Viele Pudel zeigen wenig jagdliche Motivation, manche lassen sich aber durchaus dafür begeistern; Ausnahmen kann es vor allem beim Großpudel geben. Der Pudel zählt zu den intelligentesten Hunderassen und lernt sehr leicht.

Die Lebensfreude des Pudels ist ansteckend. Auf Spaziergängen und beim Toben mit seinen Menschen und Artgenossen zeigt er, wie viel Temperament in ihm steckt und wie energiegeladen er ist. Diese Energie hat schon manchen überrascht, der das erste Mal einen Pudel hält. Ausgelastet ist er im Haus trotzdem ruhig und ein angenehmer Gefährte. Gerade viele kleinere Rassevertreter können sich auch dann gut selbst beschäftigen, etwa wenn sie einen Ball auf die Treppe oder das Sofa legen und hinunterkullern lassen, um ihn dann wieder zu holen – immer und immer wieder.

Zuchthunde werden auf Progressive Retina Atrophie und Katarakt untersucht, der Großpudel auch auf Hüftgelenksdysplasie und die anderen auf Patella-Luxation. Kurz geschorenes Fell wird einmal pro Woche gebürstet, längeres täglich. Es gibt folgende Größen: Toypudel über 24 cm – 28 cm, Zwergpudel über 28 cm – 35 cm, Kleinpudel über 35 cm – 45 cm, Großpudel über 45 cm – 60 cm (+ 2 cm).

DAS IST *wirklich* WICHTIG

DER WASSERFREUDIGE Pudel ist ein aktiver Hund und braucht entsprechende Bewegung und Kopfarbeit. Ob Hundesport, Nasenarbeit, Dummytraining, Tricks oder als Rettungshund, er brilliert in jedem Metier.

ER HAT SPASS am Lernen und begreift blitzschnell. Da müssen seine Menschen aufpassen, dass sie den Hund erziehen und nicht umgekehrt. Und so gilt es, einfühlsam und hundgerecht Grenzen rechtzeitig deutlich zu machen, wenn der clevere Pudel testen will, wie weit er gehen kann.

FÜR ALLERGIKER mit Hundewunsch ist der Pudel erste Wahl, denn seine Haare fallen nicht aus. Die Lockenpracht wird etwa alle acht Wochen geschoren. Soll er nicht auf Ausstellungen gehen, muss es keine im Standard vorgeschriebene Schur sein.

Zwergpudel [A + C] Großpudel [B]

DAS IST *wirklich* WICHTIG

GUTE SOZIALISATION ist wichtig, damit der Saluki offen mit Umweltreizen, anderen Menschen und rassefremden Artgenossen umgeht. Seine Erziehung kann die reine Freude sein, will er doch lernen und ist sehr auf seinen Menschen bezogen. Blinder Gehorsam passt jedoch nicht zu seiner ausgeprägten Persönlichkeit.

VERSPIELT zu sein bis ins hohe Alter ist typisch für viele Salukis. Die beste Beschäftigung sind lange Spaziergänge und täglich die Möglichkeit, sich richtig auszutoben, dazu die Begleitung seines Menschen in allen Lebenslagen.

SANFTMUT gehört zum Saluki dazu. Er mag keine Hektik, keine lauten Worte und schon gar kein Geschrei. Mit Härte erreicht man in der Erziehung nichts, mit Einfühlsamkeit und liebevoller Konsequenz alles.

HUNDERASSENPORTRÄT **SALUKI**

SALUKI

Anmut, Feinsinn und vornehme Zurückhaltung Fremden gegenüber sind die auffälligsten Attribute des Hundes aus dem fernen Orient. Angenehme Ruhe im Haus, sprühendes Temperament draußen, hohe Intelligenz und ausgesprochene Zuneigung zu seinem Menschen ergänzen seine faszinierende Persönlichkeit.

Der Saluki kam Anfang des 20. Jahrhunderts nach Europa, die Rasse gibt es schon seit Jahrtausenden. Er war der Hund der Nomadenstämme des Mittleren Ostens, der bei der Jagd mit im Sattel des Reiters unterwegs war und das Wild dann hetzte, wenn der Falke die Beute ausgemacht hatte.

SCHNELL WIE DER WIND
Als Hetzhund reagiert der Saluki auf Bewegung. Sieht er einen Hasen oder ein Reh, ist er im ausladenden Galopp auf und davon. Die Kunst beim Freilauf ist es, ihn rechtzeitig heranzurufen – bevor er lossprintet! Rückruftraining ist daher ein wesentlicher Bestandteil seiner Erziehung – immer liebevoll, einfühlsam und ohne Zwang.

Der Orientale ist ein guter Familienhund. Voraussetzung dafür ist Harmonie: Radau mag er nicht und bei Streit leidet er. In turbulenten, lauten Haushalten oder in der hektischen Stadt wird er sich nicht wohlfühlen. Daher ist er ein Gefährte für den eher entspannten Alltag bei gelassenen Zweibeinern. Besondere Freude werden alleinstehende Menschen mit ihm haben, da er sich seiner Bezugsperson eng anschließt und sehr auf sie eingeht. Ein Platz auf dem Sofa sollte für ihn reserviert sein.

Der Saluki sollte täglich die Möglichkeit haben, sich auszutoben. Wenn Freilauf nicht möglich ist, dann in einem großen, eingezäunten Gelände. Rassetypisch bieten sich als Beschäftigung das Training auf der Rennbahn oder Coursing an, das Hetzen dort kann aber den Freilauf erschweren. Von Agility und Co. lässt sich nicht jeder Saluki begeistern, die Begleitung am Fahrrad bietet Ausdauertraining.

Zuchthunde werden auf Herzerkrankungen (Dilatative Kardiomyopathie) untersucht. Die Fellpflege ist einfach. Bei nasskaltem Wetter ist ein Mantel sinnvoll.

WINDHUNDE

Größe: 58–72 cm

Gewicht: 18–25 kg

Lebenserwartung: 12 Jahre +

Fell: glatt und seidig, am Körper kurz mit längeren Haaren an Ohren, Läufen und Rute, Kurzhaarvariante ohne Befederung

Farbe: alle Farben oder Farbkombinationen, gestromt ist unerwünscht.

Kaufpreis: ab 1 200 EUR

Erziehung: 🐕🐕🐕
Beschäftigung: 🐕🐕🐕
Bewegung: 🐕🐕🐕🐕
Pflege: 🐕🐕
Jagdverhalten: 🐕🐕🐕🐕🐕
Schutzverhalten: 🐕🐕
Wachsamkeit: 🐕🐕🐕🐕
Agility & Co.: 🐕🐕
Eignung für Stadt: 🐕🐕

HUNDERASSENPORTRÄT **SAMOJEDE**

SAMOJEDE

Sein Lächeln zieht jeden Hundefreund in seinen Bann. Und sein Wesen hält, was sein Äußeres verspricht: Wer sich intensiver mit dem prächtigen Hund beschäftigt, wird auch von seinem Wesen verzaubert: freundlich, gesellig und lebenslustig.

Mit seinem dichten Fell ist der Samojede bestens an die harten klimatischen Bedingungen seiner ursprünglichen Heimat angepasst: den Norden Russlands und Sibirien. Als Hund der namensgebenden „Samojeden"-Stämme wurde er zum Hüten der Rentierherden sowie als Jagd- und Schlittenhund eingesetzt, die Fellfarben waren weiß, schwarz und braun gefleckt. Dort lebte er eng mit seinen Menschen zusammen, schlief in deren Zelten und wärmte sie mit seinem dichten Fell, musste aber niemals seine Eigenständigkeit aufgeben. Mit dem Forscher Scott kamen Ende des 19. Jahrhunderts die ersten Hunde nach England, wo die Rasse weitergezüchtet wurde.

SO FRÖHLICH WIE SEIN LÄCHELN

Der Samojede ist ein Ausbund an Lebenslust und Temperament. Der Charakter ist beim gut sozialisierten Hund freundlich und offen. Das zeigt er nicht nur bei seiner Familie, wo er seine Zuneigung auf alle Familienmitglieder verteilt, sondern auch bei Fremden, denen er zutraulich begegnet. Das hat zur Folge, dass Wachsamkeit und Verteidigungsbereitschaft nicht zu seinen Stärken gehören, denn unangebrachte Aggression und Schutzverhalten kommen beim typischen Samojeden nicht vor.

Die Herausforderungen für den künftigen Halter liegen einerseits in der Erziehung des eigenständigen Vierbeiners, der sich seiner Familie zwar sehr verbunden fühlt, trotzdem aber eine unabhängige Persönlichkeit bleibt, die Anweisungen auch gerne hinterfragt. Andererseits kann es durchaus sein, dass der lebhafte Hund Jagdpassion zeigt. In Kombination mit seiner Selbstständigkeit ist das beim Freilauf nicht immer einfach zu managen.

Zuchthunde werden auf Hüftgelenksdysplasie und erbliche Augenerkrankungen getestet. Das Fell wird ein- bis zweimal wöchentlich gründlich gebürstet, bei jungen Hunden und im Fellwechsel öfter.

SPITZE UND HUNDE VOM URTYP

Größe: 50–61 cm

Gewicht: 18–32 kg

Lebenserwartung: 12 Jahre +

Fell: üppig, mit kurzer weicher Unterwolle und längerem, harschem Deckhaar

Farbe: reinweiß, cremefarben oder weiß mit bisquit

Kaufpreis: ab 1 500 EUR

Erziehung: 3/5

Beschäftigung: 4/5

Bewegung: 4/5

Pflege: 4/5

Jagdverhalten: 3/5

Schutzverhalten: 2/5

Wachsamkeit: 2/5

Agility & Co.: 4/5

Eignung für Stadt: 1/5

DAS IST *wirklich* WICHTIG

SEINE SELBSTSTÄNDIGKEIT macht den Samojeden zu keinem einfachen Hund. Die Erziehung erfordert viel Einfühlungsvermögen, dabei aber auch unbedingte Konsequenz, soll er sich in die Familie einordnen. Die idealen Menschen für den Samojeden sind sensibel, tolerant und durchsetzungsfähig.

EIN GARTEN muss sein, soll der Samojede sich rundum wohlfühlen. Denn der üppig behaarte Hund hält sich gerne draußen auf und lässt sich den Wind um die Nase wehen. Freier Zugang zum Haus und enger Kontakt zur Familie sind natürlich unerlässlich.

AUSDAUERNDE SCHLITTENHUNDE brauchen viel Bewegung und Beschäftigung, um ausgeglichene Familienmitglieder sein zu können. Für den Samojeden sind lange Spaziergänge, Zughundearbeit und Hundesport ideal.

DAS IST *wirklich* WICHTIG

LERNEN fällt Hunden beider Schäferhundrassen leicht. Sie begreifen schnell und brauchen dazu keinen harten Drill, aber durchsetzungsfähige, einfühlsame Menschen, die sie sicher führen und souverän anleiten. Kann der Mensch das bieten, wird er einen loyalen Gefährten an seiner Seite haben.

BEIDE RASSEN besitzen Schutzverhalten, der Deutsche Schäferhund meist noch ausgeprägter, da er mehr auf Arbeitsleistung gezüchtet wurde. Dies muss durch hundgerechte, konsequente Erziehung zuverlässig gemanagt werden.

SCHÄFERHUNDE haben ein hohes Bewegungs- und Beschäftigungsbedürfnis. Die Möglichkeiten sind vielfältig, vom Hundesport über Hütearbeit bis hin zu Rettungshund- und andere Suchaufgaben.

Schweizer Weißer Schäferhund mit Welpe [A]
Deutscher Schäferhund [B + C]

SCHÄFERHUNDE

Seit vielen Jahren führt er die Welpenstatistik des VDH mit fünfstelligen Welpenzahlen unangefochten an – da darf der Deutsche Schäferhund hier natürlich nicht fehlen. Er ist ein vielseitiger Hund, den es in zwei ansprechenden Fellvarianten gibt.

Der Deutsche Schäferhund wurde Ende des 19. Jahrhunderts aus Hütehunden Süd- und Mitteldeutschlands für den Einsatz als Gebrauchs- und Diensthund gezüchtet und hat sich sowohl bei Militär, Polizei und Zoll als Schutz- und Spürhund bewiesen und auch als Rettungs- und Blindenführhund bewährt.

VOLLER POWER

Er ist temperamentvoll, als junger Hund geradezu ungestüm. Der Deutsche Schäferhund wurde auf Arbeitsleistung gezüchtet und ist heute nach wie vor ein beliebter Hund für den Vielseitigkeitssport, ein Teilbereich davon ist der Schutzhundesport. Laut Rassestandard soll er Triebverhalten, Selbstsicherheit und Belastbarkeit besitzen. Diese Eigenschaften erfordern einen erfahrenen Hundehalter und eine sorgsame Sozialisation.

Welpen nur bei einem verantwortungsvollen Züchter zu kaufen, ist bei allen Rassen wichtig, soll der Hund gesund und stabil im Wesen sein. Zuchthunde werden auf Hüftgelenks- und Ellenbogendysplasie untersucht, gelegentlich können Cauda Equina Compressionssyndrom (Wirbelsäulenerkrankung) und Allergien auftreten, seltener Autoimmunerkrankungen, Schäferhundkeratitis (Hornhautentzündung), Pankreasinsuffizienz (Bauchspeicheldrüsenerkrankung), Schilddrüsenunterfunktion und MDR1-Defekt (führt zu gefährlicher Überempfindlichkeit auf bestimmte Arzneistoffe). Das Fell kann stark haaren. Besonders im Fellwechsel beugt da häufiges Bürsten vor.

DER SCHWEIZER WEISSE SCHÄFERHUND

Schon immer fielen in den Würfen auch Hunde mit weißem Fell, doch war diese Farbe unerwünscht und wurde im offiziellen Rassestandard nicht anerkannt. Zuerst in Amerika und Kanada gezüchtet, wurde in der Schweiz weitergezüchtet, bis die Rasse 2003 offiziell Anerkennung durch die FCI erlangte. Im Temperament steht der Schweizer Weiße Schäferhund dem Deutschen Schäferhund nicht nach. Zuchthunde werden auf Hüftgelenks- und Ellenbogendysplasie untersucht und auf den MDR1-Defekt getestet. Zudem können Taubheit und Allergien vorkommen. Das Fell kann stark haaren, häufiges Bürsten ist sinnvoll.

HÜTE- UND TREIBHUNDE

Größe: Deutscher: 55–65 cm; Weißer Schweizer: 55–66 cm

Gewicht: Deutscher: 22–40 kg; Weißer Schweizer: 25–40 kg

Lebenserwartung: 10 Jahre +

Fell: Stockhaar oder Langstockhaar, jeweils mit Unterwolle

Farbe: Deutscher Schäferhund: schwarz mit Abzeichen, schwarz und grau einfarbig; Weißer Schweizer Schäferhund: weiß

Kaufpreis: Deutscher ca. 500–850 EUR, Weißer Schweizer 1 200–1 500 EUR

Erziehung: ●●○○○

Beschäftigung: ●●●●○

Bewegung: ●●●●○

Pflege: ●●○○○

Jagdverhalten: ●●●○○

Schutzverhalten:
Deutscher ●●●●●
Weißer Schweizer ●●●●○

Wachsamkeit:
Deutscher ●●●●●
Weißer Schweizer ●●●●○

Agility & Co.: ●●●●○

Eignung für Stadt: ●○○○○

SCHNAUZER UND ZWERGSCHNAUZER

PINSCHER UND SCHNAUZER, MOLOSSOIDE – SCHWEIZER SENNENHUNDE UND ANDERE RASSEN

Größe:
Schnauzer 45–50 cm,
Zwergschnauzer 30–35 cm

Gewicht: Schnauzer 14–20 kg,
Zwergschnauzer 4–8 kg

Lebenserwartung: 13 Jahre +

Fell: drahtig und hart mit dichter Unterwolle

Farbe: schwarz oder pfeffer-salz, Zwergschnauzer auch schwarz-silber oder weiß

Kaufpreis: ab 900 EUR

Erziehung: ♞♞♞

Beschäftigung: ♞♞♞♞

Bewegung:
Schnauzer ♞♞♞♞
Zwergschnauzer ♞♞♞

Pflege: ♞♞♞

Jagdverhalten: ♞♞

Schutzverhalten:
Schnauzer ♞♞♞♞
Zwergschnauzer ♞♞♞

Wachsamkeit: ♞♞♞♞♞

Agility & Co.: ♞♞♞♞

Eignung für Stadt:
Schnauzer ♞♞♞♞
Zwergschnauzer ♞♞♞♞♞

Der üppige Bart vermittelt den Eindruck von ausgeprägtem Charakter. Und genauso sind die Persönlichkeiten beider Rassen, die von ausgelassener Spielfreude über hundertprozentige Loyalität bis zu kleinen pedantischen Eigenschaften viele Facetten bereithalten.

Schnauzer hießen früher rauhaarige Pinscher und wurden häufig als Wach- und Stallhunde gehalten, die auf Haus, Hof und Tiere aufpassten, den Ratten- und Mäusebestand gering hielten und Fuhrwerke begleiteten. Dabei führten sie ein eigenständiges Leben und mussten sich an unterschiedlichste Situationen anpassen. Der Zwergschnauzer ist das verkleinerte Ebenbild des (Mittel-)Schnauzers.

DURCHSETZUNGSFÄHIGE PERSÖNLICHKEIT

Mittel- und Zwergschnauzer lernen dank ihrer guten Auffassungsgabe leicht und schnell, wissen aber auch, was sie wollen. Neigt ein Mensch dazu, bei der Erziehung öfter einmal eine Ausnahme zuzulassen, sollte er besser eine andere Rasse wählen. Denn beide sind charakterstarke Typen, hartnäckig bei ihren Anliegen und durchaus dickköpfig, wenn ihnen etwas nicht passt. Gibt der Mensch aber einen festgelegten Verhaltensrahmen vor, passen sie zu fast jedem Lebensentwurf.

Schnauzer und Zwergschnauzer sind verspielte, lebhafte und ausdauernde Hunde, die ausgedehnte Spaziergänge brauchen und Freude an Hundesport haben, jedoch kein Dauerentertainment einfordern. Ihren Menschen sind sie anhängliche und beschützende Gefährten. Einem Familienmitglied jedoch schenken sie ihr treues Herz ganz und gar. Fremden hingegen begegnen sie misstrauisch und wollen selbst bestimmen, ob ein Kontakt zustande kommt.

Beide Rassen sind robuste Hunde und der Schnauzer kann noch mehr als der Zwerg einen Knuff wegstecken. Sie verlieren kaum Haare und werden je nach Fell zwei- bis viermal jährlich getrimmt, dazu kommen regelmäßiges Kämmen und Bürsten, der Bart und die Beinhaare zweimal wöchentlich. Schnauzer in der Zucht werden auf Hüftgelenksdysplasie untersucht, für Zwergschnauzer ist der Test auf Kongenitale Myotonie (Erkrankung der Skelettmuskulatur) vorgeschrieben bzw. empfohlen oder die Elterntiere müssen frei davon sein.

DAS IST *wirklich* WICHTIG

BEIDE RASSEN benötigen durchsetzungsfähige und souveräne Menschen, die eine strikte Linie einhalten. Denn ein Mittel- oder Zwergschnauzer versucht, seinen Willen durchzusetzen. Und hat er einmal ein Privileg errungen, wie das Liegen auf dem Sofa, ist es ihm nur schwer wieder abzugewöhnen.

MIT KINDERN kommt ein gut sozialisierter Mittel- und Zwergschnauzer prima aus. Er ist geduldig und zieht sich in der Regel zurück, wenn es ihm zu turbulent zugeht. Wird dieser Rückzugsort respektiert, steht einem harmonischen Zusammensein von Kind und Hund nichts im Weg.

WACHSAMKEIT gehört zum Schnauzbart dazu. Er passt vorbildlich auf Haus, Hof und Familie auf – und übernimmt den Job für die Nachbarn gleich mit. Lässt man ihn gewähren, kann er zum Kläffer werden.

Zwergschnauzerwelpen [A]
Erwachsener Zwergschnauzer [B]
Mittelschnauzer [C]

DAS IST *wirklich* WICHTIG

DER SHELTIE ist ein intelligenter Hund mit einer schnellen Auffassungsgabe, sodass seine Erziehung eine wahre Freude ist und auch als solche gesehen werden sollte: Mit positiver Motivation und viel Lob zeigt er Höchstleistungen. Härte und laute Worte braucht es nicht, sie sind sogar kontraproduktiv.

ENGER KONTAKT zu seinem Menschen ist wichtig für den anhänglichen Hund. Ob schmusen, spielen, zusammen unterwegs sein oder miteinander arbeiten – Hauptsache, er ist mit einem Menschen zusammen. Dann ist der Sheltie glücklich.

SPORT UND AKTION sind genau richtig, aber auch die kleinen grauen Zellen des cleveren Hütehundes brauchen Auslastung. Das bietet viele Möglichkeiten, zum Beispiel Obedience, Dog Dancing, Agility und Tricks.

Erwachsener Sheltie [A + B]
Sheltiewelpe [C]

[A]

[B]

[C]

SHETLAND SHEEPDOG (SHELTIE)

Der Sheltie, wie er auch genannt wird, ist ein attraktiver Hund mit einer praktischen Größe, der durch seine Arbeitsfreude, Gelehrigkeit und sein nettes Wesen beeindruckt. Genau richtig für künftige Hundehalter, die einen unkomplizierten Begleiter suchen.

Gezüchtet aus verschiedenen Rassen, unter anderem seinem großen Ebenbild, dem Langhaarcollie, entstand auf den Shetlandinseln eine kleine, flinke Rasse, die nicht nur hüten konnte, sondern auch wachsam war und aufpasste, dass Ratten und Mäuse nicht überhand nahmen.

So ist der Sheltie ein anpassungsfähiger Hund mit vielen Talenten, die er nicht nur als führiger und aufmerksamer Begleiter im Alltag zeigt, sondern auch bei zahlreichen Freizeitaktivitäten, vom Sport bis zum Einsatz als Besuchshund.

EIN SANFTES JUWEL

Er liebt seine Familie, schließt sich jedoch einem Menschen besonders eng an – mit seiner für ihn typischen zärtlichen Zuneigung. Der Sheltie ist ein sanfter und sensibler Hund, der einen freundlichen Umgangston schätzt, barsche Kommandos sind nicht seine Sache. Schlägt er einmal über die Stränge, lässt er sich in der Regel schon durch leichte Abbruchsignale beeindrucken, wie ein Räuspern oder ein betontes „Nein!". Trotzdem ist er voller Temperament, das er vor allem draußen beim ausgelassenen Spielen und Toben zeigt. Fremden gegenüber zeigt er sich uninteressiert bis vorsichtig. Ideal für ihn sind feinfühlige Menschen, die seine Anhänglichkeit zu schätzen wissen, auch Anfänger.

Der gut veranlagte und sozialisierte Sheltie ist sehr verträglich mit Artgenossen und kann sich vielen Lebenssituationen anpassen, ob beim rüstigen Rentner oder in der Familie mit Kindern. Stimmen Bewegung und Beschäftigung, braucht er keine große Wohnung. Für das Leben in der lauten und hektischen Stadt ist der bellfreudige Hund nur bedingt geeignet, da viele Hütehunde eine Tendenz zur Geräuschempfindlichkeit haben. Zuchthunde werden auf Hüftgelenksdysplasie, vererbbare Augenerkrankungen und MDR1-Defekt (führt zu gefährlicher Überempfindlichkeit auf bestimmte Arzneistoffe) getestet. Das Fell wird einmal pro Woche gebürstet, im Fellwechsel öfter.

HÜTE- UND TREIBHUNDE

Größe: 36–37 cm, +/− 2,5 cm

Gewicht: 6,5–9 kg

Lebenserwartung: 13 Jahre +

Fell: langes, hartes, gerades Deckhaar mit dichter, kurzer Unterwolle

Farbe: zobelfarben, tricolour, bluemerle, schwarz-weiß und schwarz-loh

Kaufpreis: 900–1 200 EUR

Erziehung:

Beschäftigung:

Bewegung:

Pflege:

Jagdverhalten:

Schutzverhalten:

Wachsamkeit:

Agility & Co.:

Eignung für Stadt:

HUNDERASSENPORTRÄT SPITZ

SPITZ

SPITZE UND HUNDE VOM URTYP

Größe: 18–55 cm, je nach Varietät

Gewicht: 2–25 kg, je nach Varietät

Lebenserwartung: 12 Jahre +, Mittel- und Kleinspitz 14 Jahre +

Fell: langes, gerades und abstehendes Deckhaar mit kurzer, dicker, wattiger Unterwolle

Farbe: grau gewolkt, schwarz, braun, weiß, orange, andersfarbig

Kaufpreis: Wolf- und Großspitz 1 200–1 800 EUR, Mittel- und Kleinspitz 850–1 300 EUR, Zwergspitz ab 1 200 EUR

Erziehung:
Wolf- und Großspitz
Mittel-, Klein- und Zwergspitz

Beschäftigung:

Bewegung:
Wolf- und Großspitz
Mittel-, Klein- und Zwergspitz

Pflege:

Jagdverhalten:

Schutzverhalten:
Wolf- und Großspitz
Mittel,- Klein- und Zwergspitz

Wachsamkeit:

Agility & Co.:

Eignung für Stadt:
Wolf- und Großspitz
Mittel,- Klein- und Zwergspitz

Der Spitz in all seinen vielen Varietäten mit unterschiedlichen Größen und Farben ist ein hübscher, charaktervoller, intelligenter und fröhlicher Hund sowie ein idealer Begleiter seiner Menschen, der sich auf dem Land und in der Stadt wohlfühlen kann.

Er zählt zum ursprünglichsten Hundetyp, der auf viele Tausend Jahre zurückblicken kann. Der Deutsche Spitz war der typische Hof- und Haushund, ein zuverlässiger Wächter, Beschützer und Vertilger von Mäusen und Ratten. Der Zwergspitz, auch als Pomeranian bezeichnet, war und ist beliebter Gesellschaftshund. Die verschiedenen Größen bieten den passenden Gefährten für jeden Hundefreund, von der aktiven Familie bis zur gemütlichen Zweisamkeit. Der Wolfspitz, auch Keeshond genannt, ist mit ca. 49 cm der größte Deutsche Spitz, es folgen Großspitz (ca. 46 cm), Mittelspitz (ca. 34 cm), Kleinspitz (ca. 26 cm) und der handliche Zwergspitz (ca. 20 cm).

ANPASSUNGSFÄHIG UND ANHÄNGLICH

Der plüschige Hund ist sehr ortstreu und bleibt auch ohne Zaun oft auf seinem Grundstück, zu streunen ist für ihn untypisch. Was ihm lieb ist, bewacht er im besten Sinne des Wortes, Besucher werden zuverlässig angekündigt, Fremden begegnet er misstrauisch. Seine Menschen liebt er jedoch sehr, zeigt sich anhänglich und genießt Zuwendung in jeder Form, ob bei Streicheleinheiten, beim Spiel oder beim Arbeiten. Gute Sozialisierung und Erziehung machen ihn zu Hause und unterwegs zu einem anpassungsfähigen, vielseitigen und angenehmen Gesellschafter. Obwohl der Spitz genügsam in seinem Bewegungsanspruch ist, ist er doch sehr sportlich und ausdauernd, wie viele es mit Top-Platzierungen beim Agility beweisen.

Spitze sind in der Regel sehr langlebige Hunde, die ihrem Menschen große Freude machen. Wolf- und Großspitz werden für die Zucht auf Hüftgelenksdysplasie untersucht, Mittel-, Klein und Zwergspitz auf Patella-Luxation. Werden Zwergspitze auf extremes Miniformat gezüchtet, steigt das Krankheitsrisiko und die Lebenserwartung nimmt ab. Das wetterfeste Fell ist pflegeleichter, als es aussieht, da es nicht zum Verfilzen neigt. Es wird meist einmal pro Woche gebürstet, im Fellwechsel häufiger.

DAS IST *wirklich* WICHTIG

CLEVER sind sie alle und lernen leicht und gern. Der Mittelspitz und die kleineren Kollegen zeigen sich etwas kooperativer als der Groß- und Wolfspitz, doch auch deren Erziehung ist keine große Herausforderung, wenn der Mensch sich auf die selbstbewussten Hunde einstellt und sie konsequent führt. Spitze gelten als Kläffer, doch übermäßiges Bellen ist oft Ausdruck von Unterforderung.

DER SPAZIERGANG mit einem Spitz macht einfach Spaß, da er keinen oder kaum Jagdverhalten zeigt und dadurch beim Freilauf nicht so schnell auf Abwege gerät.

SPORTLICH ist der Spitz allemal. Er liebt Bewegung und Beschäftigung, fordert sie aber nicht ein. Gerade die kleineren sind ideale Gefährten für ältere Menschen, fühlen sich aber genauso wohl in der Großfamilie.

Wolfspitz [A – C]

DAS IST *wirklich* WICHTIG

HÜTEHUNDTYPISCH ist der Tibet Terrier sehr gelehrig und lernfreudig. Anweisungen werden aber nicht unreflektiert umgesetzt, denn er möchte von dem überzeugt sein, was er tut. Mit konsequenter, liebevoller Erziehung kann sein Mensch viel bei ihm erreichen, mit Härte kommt er nicht weiter.

LEBHAFTE UND CLEVERE HUNDE wollen beschäftigt werden, Spaziergänge, Hundesport, Nasenarbeit, Dog Dancing und Tricks zu lernen passt bei ihm ins Konzept. Er fordert aber keine Dauerbespaßung und kann es auch einmal ruhiger angehen lassen.

FELLPFLEGE Damit das Fell so schön bleibt, braucht es viel Pflege. Wer sich einen Tibet Terrier wünscht, sollte daran Spaß haben und Hausputz nicht als lästige Pflicht sehen.

Tibet Terrier mit kurzem Fell [A]
Tibet Terrier mit über den Augen gekürzten Haaren [B]
Tibet Terrier mit über den Augen hoch gebundenen Haaren [C]

TIBET TERRIER

Lustig, lebhaft und lebensfroh ist der Tibet Terrier ein guter Begleithund und am glücklichsten, wenn seine Menschen bei ihm sind. Er ist sehr anpassungsfähig, beweist aber eine starke Persönlichkeit, die charmant eigene Standpunkte vertreten kann.

Die Bezeichnung „Terrier" trifft für diesen Vierbeiner nicht zu, denn er ist ein Hütehund und Terriereigenschaften sucht man bei ihm vergeblich. Die ursprüngliche Rasse lebt seit mehr als 2000 Jahren in den Hochebenen Tibets, das dichte Fell schützt vor Wind und Wetter. Der attraktive Hund wurde dort im Haus, als Wächter und zum Hüten der Tiere gehalten. Eine Ärztin begründete 1930 die Zucht in England.

EIN ATTRAKTIVER ALLROUNDER

Er ist ein anpassungsfähiger Hund, der sich bei guter Sozialisation und Erziehung auf die verschiedensten Lebensmodelle einstellen kann, sowohl in der Familie mit Kindern, bei älteren, rüstigen Menschen oder als ständiger Begleiter eines Singles. Hauptsache, sein Mensch kann ihm viel Zeit widmen. Er ist oft verspielt bis ins hohe Alter, stellt gerne Unfug an und seine Lebenslust ist einfach ansteckend. Beim Spaziergang lässt er seine Familie nicht aus den Augen und umkreist sie in Hütehundmanier; er neigt aber nicht dazu, alles zu hüten, was ihm begegnet. Draußen ist er quirlig, im Haus ausgelastet ein angenehmer Gesellschafter, der gerne kuschelt.

Zuchthunde werden auf Hüftgelenksdysplasie, Ceroid-Lipofuszinose (Schädigung der Nervenzellen vor allem in Netzhaut und Gehirn), erbliche Augenerkrankungen und je nach Verein auf Patella-Luxation untersucht. Das schöne Fell wird ein- oder zweimal pro Woche gebürstet und gekämmt, da kann eine Stunde zusammenkommen. Beim Junghund ist das aufwendiger, daher sollte das schon beim Welpen täglich geübt werden. Naturgemäß bringt das üppige Haarkleid allerlei Souvenirs vom Spaziergang mit. Abgestorbene Haare fallen nicht aus, sondern werden herausgebürstet. Für manche Menschen, die allergisch auf Hunde reagieren, kann er vielleicht den Traum vom eigenen Hund wahr werden lassen.

GESELLSCHAFTS- UND BEGLEITHUNDE

Größe: Rüden 36–41 cm, Hündinnen geringfügig kleiner

Gewicht: 7–13 kg

Lebenserwartung: 12 Jahre +

Fell: doppelt und fein, mit üppigem Deckhaar und wolliger Unterwolle

Farbe: jede Farbe mit Ausnahme von schokoladen- oder leberbraun

Kaufpreis: 950–1300 EUR

Erziehung: 3/5

Beschäftigung: 3/5

Bewegung: 3/5

Pflege: 5/5

Jagdverhalten: 2/5

Schutzverhalten: 2/5

Wachsamkeit: 4/5

Agility & Co.: 4/5

Eignung für Stadt: 5/5

HUNDERASSENPORTRÄT **WESTIE**

WEST HIGHLAND WHITE TERRIER

Viele kennen ihn aus der Werbung, mit blütenweiß strahlendem Fell und der Aura eines Luxushündchens. Wenn der Westie Luxus bekommt, nimmt er ihn gerne in Anspruch. Doch im Herzen ist er ein gestandener Terrier, der wie ein solcher behandelt werden will.

Abstammend von schottischen Jagdterriern, ist er eng mit dem Cairn Terrier verwandt und jagte Otter, Füchse und Dachse. Wurden die weißen Hunde zuerst als untauglich aussortiert, erwies sich ihre Farbe bald als Vorteil, beugte sie doch Verwechslungen mit den Beutetieren vor. Anfang des 20. Jahrhunderts wurde die Rasse anerkannt. Sein attraktives Äußeres und die Bekanntheit durch seine Werbepräsenz machten ihn zu einem beliebten Begleithund, was unseriöse Zucht mit allen negativen Folgen förderte: Nur ein verantwortungsvoller Züchter bietet beste Voraussetzungen für einen gesunden Hund.

EINSTEIGER-TERRIER

Wer einen Terrier an seiner Seite wünscht, ist mit einem Westie gut beraten. Im Vergleich mit manchen anderen ist er leichter zu handeln, bleibt aber trotzdem ein tougher Hund: mutig, beherzt und von sich und seinen Fähigkeiten überzeugt. Gut sozialisiert kommt er mit Kindern gut aus und ist mit Hunden verträglich. Mit Geschlechtsgenossen wird er aber sicherlich seine Macho-Allüren pflegen: Auch ein Westie lässt sich nicht „die Butter vom Brot nehmen".

Immer strahlend weiß ist nur der Westie, der draußen keinen Spaß haben darf, etwa in einer schlammigen Pfütze. Passender Hundesport und vor allem Nasenarbeit sind die richtige Beschäftigung für ihn. Ausgelastet zeigt er sich im Haus als angenehmer, verschmuster Gesellschafter. Seine Bellfreude gilt es zu bremsen, soll er kein Kläffer werden. Durchsetzungsfähige, aktive Menschen sind genau richtig für ihn, egal ob jung oder rüstig in schon fortgeschrittenem Alter.

Zuchthunde werden auf Patella-Luxation untersucht, der Test auf Craniomandibuläre Osteopathie (Erkrankung des Unterkiefers) ist freiwillig, selten tritt Linsentrübung schon in jüngerem Alter auf sowie Allergie. Zur Pflege reicht einmaliges Bürsten pro Woche aus, das wird Fell alle 8–12 Wochen getrimmt.

TERRIER

Größe:	ca. 28 cm
Gewicht:	8–11 kg
Lebenserwartung:	13 Jahre +
Fell:	ca. 5 cm langes, harsches Deckhaar und pelzige, weiche, kurze Unterwolle
Farbe:	weiß
Kaufpreis:	1 000–1 500 EUR
Erziehung:	3/5
Beschäftigung:	4/5
Bewegung:	4/5
Pflege:	3/5
Jagdverhalten:	3/5
Schutzverhalten:	2/5
Wachsamkeit:	4/5
Agility & Co.:	3/5
Eignung für Stadt:	5/5

DAS IST *wirklich* WICHTIG

FREILAUF ist bei vielen Westies mit entsprechender Erziehung und konsequenter Führung möglich. Aus dem Auge lassen sollte man sie trotzdem nicht, denn eine gewisse Raubzeugschärfe können sie gemäß ihrer Historie nicht verleugnen – und eine spannende Wildspur ist immer verlockend.

DIE ERZIEHUNG benötigt Konsequenz und Durchsetzungsvermögen – der Westie bleibt ein Terrier, und die schätzen ihre Eigenständigkeit. Trotzdem ist der selbstbewusste Hund menschenbezogen und als cleverer Vierbeiner mit Einfühlungsvermögen gut lenkbar.

ALS HAUSGENOSSE ist er lustig, verspielt, unterhaltsam und immer für einen Spaß zu haben. Gut erzogen ist er ein prima Gesellschafter, der sich auch im Restaurant zu benehmen weiß.

DAS IST *wirklich* WICHTIG

FREILAUF ist vor allem in wildarmen Gebieten häufig machbar und sollte täglich möglich sein. Den Rückruf sorgfältig zu trainieren ist wichtig. Springt aber ein Kaninchen vor ihm auf, kann die Leidenschaft des Hetzhundes die Oberhand gewinnen.

DER WHIPPET lernt freudig und zeigt gerne, was er kann. Zackigen Gehorsam darf man bei ihm aber nicht erwarten, denn manchmal neigt er windhundtypisch zur Eigenwilligkeit. Lässt der Mensch ihm den nötigen Freiraum, führt ihn aber mit einfühlsamer Verbindlichkeit, kann er zum Musterschüler werden.

SEINEN MENSCHEN gegenüber ist der Whippet zärtlich und äußerst anhänglich. Zu Hause ist er ein ruhiger Gesellschafter, unterwegs ein angenehmer Begleiter.

WHIPPET

Seine Erscheinung ist filigran und edel, mit zurückgelegten Ohren wirkt er fast zerbrechlich. Doch wer eine Gruppe Whippets in schnellem Galopp über die Wiesen fegen sieht, die Erde unter ihnen bebend, revidiert ganz schnell das Bild vom „armen Hascherl", das beschützt werden will.

Der Whippet war in England „das Rennpferd des kleinen Mannes" und wurde beim Wildern, bei Kaninchenjagden oder Rennen eingesetzt. Seine Historie ist nicht belegt, doch in seiner frühen Entstehungsgeschichte wurden Windhunde mit anderen Rassen – insbesondere Terriern – gekreuzt, bis der Typ gefestigt wurde und die Reinzucht begann. Ende des 19. Jahrhunderts wurde das erste Zuchtbuch eröffnet: Damit beginnt die offizielle Geschichte des Whippets.

SCHMUSEHUND MIT ORDNUNGSSINN

Er ist ein sensibler, feinfühliger Hund, der die Stimmungen seiner Menschen aufnimmt und sich auf sie einstellt. Er ist aber auch verspielt und kann richtig albern sein. In der Familie fühlt er sich genauso wohl wie bei Singles oder sportlichen Senioren. Bekommt er genug Freilauf, ist er auch mit einem Leben in der kleinen Wohnung zufrieden. Sein Schmusefaktor ist kaum zu toppen und er wartet nicht, bis ihm Streicheleinheiten gewährt werden, sondern er holt sie sich ab. Am liebsten kuschelt er sich eng an seinen Menschen oder einen Artgenossen an, gerne auch zusammen unter der Bettdecke, denn er mag es behaglich warm. Ist es draußen nasskalt oder eisig, braucht er daher einen Mantel.

Ganz so zart wie seine Erscheinung das manchmal vermuten lässt, ist er aber nicht. Mancher Whippet spielt sich als die Polizei auf der Hundewiese auf und achtet penibel darauf, dass die von ihm aufgestellten Regeln eingehalten werden. Ordnung muss sein. Damit der Windhund glücklich ist, muss er rennen. Freilauf ist da erste Wahl, weitere Möglichkeiten sind Rennen und Coursing im Windhundverein. Immer mehr Whippets zeigen ihre Talente auch bei anderen Hundesportarten, beim Apportieren und bei Suchaufgaben.

Der Whippet zählt zu den langlebigen Rassen. Bei Zuchthunden wird je nach Verein ein Test auf Myostatin-Mutation (erhöhtes Muskelwachstum) durchgeführt. Das kurze Fell ist sehr pflegeleicht.

WINDHUNDE

Größe:	44–51 cm
Gewicht:	12–20 kg
Lebenserwartung:	13 Jahre +
Fell:	fein und kurz
Farbe:	jede Farbe oder Farbmischung
Kaufpreis:	ca. 1 200 EUR
Erziehung:	●●●
Beschäftigung:	●●●
Bewegung:	●●●●
Pflege:	●
Jagdverhalten:	●●●●●
Schutzverhalten:	●
Wachsamkeit:	●●●●
Agility & Co.:	●●●●
Eignung für Stadt:	●●●

DEN EINEN WUNSCHHUND AUSWÄHLEN

Jede Rasse hat gute Anlagen. Diese früh zu fördern, ist Aufgabe des Züchters. Schon die Mutter ist wichtig: Ist sie souverän und ausgeglichen, lebt sie ihren Welpen viele gute Eigenschaften vor und hilft ihnen, offen und lernfähig zu sein und eine stabile Persönlichkeit zu entwickeln. Kaufen Sie Ihren Hund nicht da, wo es billig, sondern da, wo es am besten ist. Auch gute Züchter haben gelegentlich Hunde, deren Aussehen nicht ganz dem Standard entspricht oder die etwas älter sind und deswegen günstiger abgegeben werden – aber tolle Familienhunde sind.

DAS IST WIRKLICH WICHTIG

Die Zucht steht unter der Obhut eines seriösen Rassezuchtvereins, der die Voraussetzungen für Züchter und Hunde regelt, kontrolliert und bescheinigt. Dazu gehören u. a. gesundheitliche Untersuchungen und Wesenstests. Führender Dachverband für hiesige Rassezuchtvereine ist der Verband für das Deutsche Hundewesen (VDH). Besuchen Sie mehrere Züchter und achten Sie auf Folgendes:

- Sie haben einen guten Draht zum Züchter, er informiert umfassend.
- Er lädt Sie zu einem unverbindlichen Besuch ein, um Sie kennenzulernen.
- Er zeigt Ihnen Zuchtunterlagen, Gesundheitsbefunde, alle seine Hunde und wie sie leben. Sie sind rassegemäß offen, freundlich, topgepflegt und in die Züchterfamilie integriert.
- Er nötigt Sie nicht zum Kauf.
- Die Welpen wirken lebhaft, aufgeweckt, augenscheinlich gesund und vertraut mit dem Leben im Haus und den anderen Hunden. Haus und Grundstück bieten viele Anregungen.
- Sie sollen Ihren Welpen öfter besuchen und später Kontakt halten.
- Die Welpen sind vom Tierarzt und Vereinszuchtwart untersucht, entwurmt, geimpft und haben einen Mikrochip.
- Sie bekommen den EU-Heimtierausweis, die Ahnentafel und einen Kaufvertrag.

Fragen Sie nach:
- Handelt es sich um eine reine Schönheits- oder Leistungszucht oder eine Zucht für Familienhunde?
- Wie sind Charakter und Eigenschaften der Zuchthunde, Welpen und gegebenenfalls älterer Geschwister?
- Treten in der Zuchtlinie gehäuft Krankheiten auf?
- Wie alt sind oder wurden die Großeltern, Onkel und Tanten der Welpen?

WELCHER WELPE ALS FAMILIENHUND

Nehmen Sie den Rat des Züchters bei der Einschätzung der Welpen an – er kennt sie am besten und kann Ihnen helfen, den passenden zu finden. Als Familienhunde und für Ersthundehalter eignen sich oft die Welpen sehr gut, die meistens mittendrin sind, ob beim Spielen, beim Toben, beim Entdecken oder beim Schlafen. Diese nehmen wechselnde Parts bei Rauf- oder Fangspielen ein: mal werden sie gejagt und dann sind sie wieder der Jäger, mal mimen sie den Stärkeren und dann wieder den Unterlegenen. Sie sind im Vergleich mit den anderen weder auffallend schüchtern, vorwitzig oder eigenständig. Sie sind offen und lassen sich für Interaktion begeistern.

ZUM WEITERLESEN

NÜTZLICHE ADRESSEN

Über diese Dachverbände finden Sie Adressen von Rassezuchtvereinen und spezialisierten Tierschutzorganisationen

Verband für das Deutsche Hundewesen e.V. (VDH)
Westfalendamm 174
44141 Dortmund
Tel.: +49-231565000
E-Mail: info@vdh.de
www.vdh.de

Österreichischer Kynologenverband (ÖKV)
Siegfried Marcus-Str. 7
2362 Biedermannsdorf, Österreich
Tel.: +43-2236710667
E-Mail: office@oekv.at
www.oekv.at

Schweizerische Kynologische Gesellschaft (SKG)
Geschäftsstelle
Postfach 8276
3001 Bern, Schweiz
Tel.: +41-313066262
E-Mail: info@skg.ch
www.skg.ch

TIERSCHUTZ

Deutscher Tierschutzbund e.V.
Bundesgeschäftsstelle
Baumschulallee 15
53115 Bonn
Tel.: +49-228604960
E-Mail: bg@tierschutzbund.de
www.tierschutzbund.de

Nicht VDH-anerkannte Rassen, weitere finden Sie über Internetsuchmaschinen

Elo- Zucht und Forschungsgemeinschaft e.V.
www.elo-hund.de

ZUM WEITERLESEN

Informationen über Haltung, Erziehung, Beschäftigung, Verhalten und Gesundheit finden Sie in den folgenden KOSMOS-Ratgebern:

Blenski, Christiane: **Schnüffelspiele für Hunde**

Bloch, Günther und Elli. H. Radinger: **Affe trifft Wolf**

Bloch, Günther und Elli. H. Radinger: **Wölfisch für Hundehalter**

Buksch, Martin: **Kosmos Praxishandbuch Hundekrankheiten**

Feddersen-Petersen, Dorit: **Hundepsychologie** mit DVD

Führmann, Petra und Hoefs, Nicole und Franzke, Iris: **Das große Kosmos Spielebuch für Hunde**

Führmann, Petra und Hoefs, Nicole und Franzke, Iris: **Kosmos Welpenschule** mit DVD

Gansloßer, Udo und Kitchenham, Kate: **Forschung trifft Hund**

Gansloßer, Udo und Krivy, Petra: **Verhaltensbiologie für Hundehalter – Das Praxisbuch**

Jones, Renate: **Welpenschule**

Kitchenham, Kate und Orth, Heiner: **Hundeglück**

Krämer, Eva-Maria: **Faszination Rasehunde**

Lausberg, Frank: **Erste Hilfe für Hunde für unterwegs**

Schenten, Jutta: **Entspannt durch die Flegelzeit**

Schmidt-Röger, Heike: **Was denkt mein Hund**

Schneider, Dorothee und Hölzle, Armin: **Fährtentraining für Hunde**

Schöning, Sabine und Röhrs, Kerstin: **Hundesprache**

Handelmann, Barbara: **Hundeverhalten**

Weitere Bücher von Heike Schmidt-Röger:

Hunde – Das große Praxishandbuch, Gräfe und Unzer Verlag

Mein kleiner Hund, Ulmer Verlag

IMPRESSUM

DIE AUTORIN

Heike Schmidt-Röger ist Autorin, Journalistin und Fotografin und lebt mit ihrem Mann, ihrem Dackel und ihrem Windhund im hessischen Westerwald. Sie ist mit Hunden aufgewachsen und kann sich ein Leben ohne sie gar nicht vorstellen. Über ihre Arbeit lernt sie ständig neue Hunde und ihre Menschen kennen und erlebt dabei immer wieder aufs Neue, wie wichtig es ist, dass beide gut zusammenpassen. Gute Kommunikation zwischen Mensch und Hund sowie Verständnis für das Tier sind ihr sehr wichtig. Daher bildet sie sich in puncto Hundeverhalten ständig weiter. Sie hat mehrere Bücher geschrieben und ihre Bilder sind in vielen Büchern, Zeitschriften, Kalendern und auf Covern veröffentlicht.

DANKE

Herzlichen Dank allen Vereinen, Züchtern, Tierschützern, Hundetrainern, Tierärzten und Hundehaltern, die so kompetent und bereichernd bei der Entstehung des Buches mitgewirkt und mir bei der Einschätzung der Rassen geholfen haben, insbesondere Susanne Blank. Und natürlich vielen Dank allen meinen vierbeinigen Fotomodells und ihren Zweibeinern, die Shootings haben mir viel Spaß gemacht.

BILDNACHWEIS

170 Farbfotos wurden von Heike Schmidt-Röger für dieses Buch aufgenommen.
Autorenfoto (S. 128) von Johanna Diehl.

IMPRESSUM

Umschlaggestaltung von Gramisci Editorialdesign, München, unter Verwendung von Farbfotos von Heike Schmidt-Röger / Kosmos

Mit 170 Farbfotos

> Alle Angaben in diesem Buch erfolgen nach bestem Wissen und Gewissen. Sorgfalt bei der Umsetzung ist indes dennoch geboten. Der Verlag und die Autorin übernehmen keinerlei Haftung für Personen-, Sach- oder Vermögensschäden, die aus der Anwendung der vorgestellten Materialien, Methoden oder Informationen entstehen könnten.

Unser gesamtes lieferbares Programm und viele weitere Informationen zu unseren Büchern, Spielen, Experimentierkästen, DVDs, Autoren und Aktivitäten finden Sie unter **kosmos.de**

Gedruckt auf chlorfrei gebleichtem Papier

© 2014, Franckh-Kosmos Verlags-GmbH & Co. KG, Stuttgart.
Alle Rechte vorbehalten
ISBN 978-3-440-12269-3
Redaktion: Ute-Kristin Schmalfuß
Gestaltungskonzept: GRAMISCI Editorialdesign, München
Gestaltung und Satz: Atelier Krohmer, Dettingen/Erms
Produktion: Eva Schmidt
Printed in Germany / Imprimé en Allemagne